POD
最強の英語独習メソッド
パワー音読入門

横山カズ 著

アルク

はじめに

　突然ですが、質問です。

「英語を流ちょうに話したいですか」

　本書を手に取った方は、多かれ少なかれ英語を話すことに興味を持っているはずです。答えは YES ですよね。では、もう1つ質問です。

「英語を流ちょうに話せるようになる方法を知っていますか」

　この問いに YES と即答した方は、すでに何らかの英語学習法を実践されているのかもしれませんね。単語集で単語や表現を覚える、自然な英語をたくさん聴く、英会話スクールに通う、英語で日記を書く、などなど……世の中には実にさまざまな英語学習法があります。どれもまじめに続ければ、もちろん、英語力は上がるでしょう。

　ただその学習法は本当に「英語を流ちょうに話せる力」に直結するものでしょうか。その方法で学び続けて、3年後、5年後に、英語を自由自在に話している自分を想像できますか。

　そもそも「流ちょう」とはどういうことでしょう。辞書に

は**「言葉が滑らかに出てよどみないこと」**(『大辞泉』小学館)とあります。言葉とは思考や感情を表現する器であり、人は自分の思考や感情を外の世界に伝えたいとき、それを的確に表せる語彙を頭の中から選び出して組み合わせ、声に出して届けます。「英語を流ちょうに話す」とは、この一連の作業を、英語でなめらかに途切れなく行うことです。

この作業においては英語の語彙のストックももちろん重要ですが、それよりも、必要な語彙を素早く選び、組み合わせて(日→英への変換)、正しいタイミング・発音で相手に届けることの方が、はるかに重要です。

しかし、従来の英語学習法でそれらを鍛えるのはなかなか難しいのです。例えば、TOEICでは満点に近いスコアを持っていても話すのは全然ダメという人はたくさんいます。せっかく覚えた単語がいざとなると口から出てこない、瞬時に正しい文を作れない、会話のスピードについていけず、思ったことの半分も言えない……そんな話をよく聞きます。それは、リーディングやリスニングを重視した学習では、話すための回路は十分に強化できないからです。なお、ライティングは日英変換の練習にはなりますが、発話に必要な速さは身につきません。

そこでお勧めするのが、**英語を流ちょうに話すことのみに特化したトレーニング法、「パワー音読」(POD)**です。

はじめに

「なんだ、音読なんてもうやってるよ」とおっしゃる方もいるかもしれませんね。英文を声に出して読み上げる「音読」は英語力全般の底上げに効果があるとして、実践者が多い学習法です。でも、ただ文を読み上げるだけでは英語を話す力はあまり上がりません。そこでPODでは**「感情」「スピード」「反復」「集中」という4つの力（パワー）**を利用して音読を行います。具体的には次の6つのステップを踏みます。

1. **チャンク音読**（意味の塊をとらえる）
2. **ノーマル音読**（発音を確認する）
3. **ささやき音読**（子音の発音を改善する）
4. **和訳音読**（英文の意味を母語で腑に落とす）
5. **感情音読**（英文と自分の感情を直結させる）
6. **タイムアタック音読**（英文を脳に叩き込む）

この6ステップを約15分で行います。限られた時間で集中して特訓することで、日英変換力、反射力、発音など、英語の流ちょうさを構成するすべての要素を磨くことができます。

　本書ではPODの基本的な学習法と実践のコツをお教えするほか、PODの実践素材として、英語らしい英語を身につけるための例文を提供します。CD-ROM音声に従ってトレーニングすれば、数週間で効果を感じていただけるはずです。

　私はもともと英語劣等生でした。大学受験を控えた高校3年の夏、私の英語の偏差値は30。教師に「センスゼロ」と言

われ、友人たちにも「英語を仕事にするなんておまえには絶対に無理」と言われていました。しかしPODで英語を鍛え直し始めてわずか1年で、私は通訳エージェンシーに登録し、専業通訳者として本格的に活動できるまでになりました。現在はIT、医療などの分野での同時通訳・翻訳のほか、企業や予備校の英語講師として生計を立てています。PODは私の英語を変え、夢をかなえてくれました。

　今度はあなたの番です。心の動きやイメージに連動して自分の中から英語がどんどん湧き出してくる、あの不思議な感覚。英語が自由に話せるということは、この上なく楽しいことです。この楽しさをぜひPODでつかみとってください。ともに頑張りましょう。

2015年6月
横山カズ

CONTENTS 目次

はじめに——2

パワー音読(POD)理論編

CHAPTER 1 パワー音読(POD)が生まれるまで

通訳者へのあこがれ——8 ／ 「海外に行かなければペラペラにはなれない」——10 ／ 詰め込み勉強で受験を突破——11 ／ 伸びる人の共通点——13 ／ 感情と英語を直結させる——16 ／ 通訳者デビューで「スピード不足」を痛感——19 ／ 「理を知り、数を掛ける」——22 ／ 過去の自分と競い、限界を押す——25 ／ 英語が口からあふれ出す——28

CHAPTER 2 パワー音読(POD)の実践法

オリジナルPODと発展型POD——32 ／ PODする素材の選び方——34 ／ 発展型PODの各ステップ解説　Step 1. チャンク音読——38 ／ Step 2. ノーマル音読——40 ／ Step 3. ささやき音読——43 ／ Step 4. 和訳音読——44 ／ Step 5. 感情音読——46 ／ Step 6. タイムアタック音読——48 ／ 各ステップの時間配分——52 ／ PODを行う回数と場所——53

パワー音読(POD)実践編

本書のトレーニングの方法——56

厳選! POD入門用基本例文

UNIT 1 著者お薦め文法・表現——63 ／ UNIT 2 会話に便利な文法・構文——95 ／ UNIT 3 会話に便利な単語・表現——127

コラム

師、松本道弘先生のこと——94 ／ 受験勉強にもPODを——126 ／ 通訳者の頭の中——158

パワー音読
POD
理論編

素質なし、お金なし、あるのは英語へのあこがれだけ——何度も挫折を繰り返した私が、試行錯誤の末に生み出した英語独習法がパワー音読（POD）です。この章では、PODが生まれた経緯とその効果、6つのステップの進め方とコツを伝授します。

CHAPTER 1 理論編

パワー音読(POD)が生まれるまで

パワー音読(POD)は、私が英語と長年格闘した末に生まれたメソッドです。PODについてご説明する前に、その戦いの歴史をお話ししたいと思います。

通訳者へのあこがれ

　幼いころ、私は虚弱児でした。今の私を知る方は、信じてくださらないかもしれませんね。現在の私は182センチ80キロ、プロの格闘家と間違われるほどの体格ですから。

　未熟児として生まれたので、体が弱くて小さくて、同じ年頃の子たちに比べて運動能力がかなり劣っていました。かけっこもボール遊びも苦手で、外遊びではほかの子たちについていけません。必然的に屋内で遊ぶことが多かったのですが、絵を描くのも工作も楽器も、これまた下手くそ。得意なことが何一つありませんでした。「上手だね」「よくできたね」と大人にほめてもらっているほかの子たちを指をくわえて見ているような、コンプレックスだらけの子どもだったのです。

　そんな私が唯一心から安らげたのは、大好きな「言葉」と遊んでいる時間でした。絵本ばかりでなく大人向けの本も手当たり次第に開き、読める文字を拾っては読んだものです。そして

気に入った言葉があれば、口の中でころがすように何度もつぶやいていました。響きや、そこから立ち上ってくるイメージが楽しかったのです。本だけではなくテレビから聞こえてくる言葉も、この「つぶやき遊び」の対象でした。

　6歳になったころ、いつものようにテレビを"聞いて"いると、私の耳に不思議な音が飛び込んできました。画面に目をやると、それは海外から来た要人の記者会見のようでした。長テーブルの上の据え置きマイクの前に恰幅(かっぷく)のいい外国人の男性が座っていて、その隣に小柄な日本人の女性が座っています。私の聞いた不思議な音はこの女性が発したものでした。彼女は、記者からの日本語の質問を異国の言葉で男性に小声で伝え、また、彼の話す言葉を聞いて、その内容を日本語で会場に伝えていました。一人の人間がまったく違う2つの言葉を次々と切り替えて話している。その巧みな光景に私は衝撃を受けました。そして、瞬間的にあこがれが芽生えました。

「僕もこれをやりたい……！」

　その異国の言葉が「英語」だということも、その女性が「通訳者」だということも、そのときはまだ知りませんでした。でも、幼心にも不思議なほど、「この人のようになりたい。この言葉を話したい」と強く思ったのです。

　その日から、私の英語への長い片思いが始まりました。

「海外に行かなければペラペラにはなれない」

　当時、地方住まいの小学生にとって、英語を学ぶ手段は非常に限られていました。地元の子ども英語教室に通わせてほしいと父にせがみましたが、父は「そんなところに通っても英語が話せるようにはならない」とにべもありません。「それよりまず体を鍛えなさい」ということで、代わりに少林寺拳法の道場に入れられました（それはそれで感謝しています。道場に通ったおかげで、小学校を卒業するころには、私は見違えるほど健康になっていました）。

　結局、英語に初めて触れたのは中学に入ってからのことです。やっと英語が学べると思うと、本当にわくわくしました。しかし、「好きこそものの上手なれ」は、人一倍不器用な私には当てはまらなかったのです。単語は覚えられないし、文法用語がとにかく苦手で、先生の説明がまったく頭に入りません。成績も当然、ひどいものでした。

クラスでも小さい方だった7歳のころ。右が筆者

　それでも英語への思いは変わらなかったので、「どうすれば英語が流ちょうに話せるようになりますか」と先生に聞きに行きました。赤点スレスレのくせに

「将来は通訳者になりたい」なんて大それたことを言うのですから、先生もさぞ困っただろうと思います。「君に通訳は、まあ、難しいだろうなあ……海外に何年もいない限り、普通はペラペラというレベルにはなれないものだよ」。そう優しく諭されました。

今思えば、「海外に何年もいないと無理」というのは私を傷つけないための付け足しで、本音は「中学英語でつまずくような君には無理」ということだったのでしょう。でも当時の私は「海外に出なければ無理というなら、学校で習う英語だって無意味じゃないか」と思い込んでしまったのです。がっかりして、すっかりやる気を失ってしまいました。

幸か不幸か中高一貫校だったので、英語の成績は悪くても高校には進学できました。高校では部活の柔道に打ち込み、放課後はひたすら投げたり、投げられたりの日々。気がつけば、英語を顧みることもあまりなくなっていました。

詰め込み勉強で受験を突破

そうこうしているうちに高校3年になり、進学するか就職するか、進路を決めなければならない時期になりました。自分は将来、何になりたいのか……あらためて考えてみると、自分の心の中に通訳者への夢がまだくすぶっていることに気がつきました。

「もしかして、外国語大学に行けば、英語が話せるようになるかもしれない。やっぱり進学しよう」。そう決心したのが、夏休み直前のことです。しかし、英語の成績は相変わらず悪いどころか、もはや壊滅的。7月の学内模試での英語偏差値は30で、教師にも「英語のセンスゼロ」とさじを投げられていました。

私は覚悟を決め、中学1年の英語の教科書から全部やり直すことにしました。そしてZ会の『速読英単語 必修編』と『上級編』、桐原書店の「即ゼミ3」(『大学入試英語頻出問題総演習』)に進み、徹底的に反復して覚えたのです。**典型的な暗記ベースの詰め込み学習**でしたが、今振り返っても人生であれほどまじめに勉強したことはないというほど頑張りました。

そのかいあって、秋の終わりには英語の偏差値は60まで伸びていました。しかし一歩及ばず、上智大や南山大など英語で有名な大学の推薦枠にはすべて漏れてしまいました。かろうじて一般入試で関西外国語大学に合格したものの、第一志望の英米語学科には落ち、スペイン語学科に進むことになりました。

それでも、苦手だった英文法を曲がりなりにも克服し、受験を乗り切れたのです。あきらめかけていた英語の端っこを自分の手でつかみとれた実感がありました。「もう英語を手放さない。絶対に通訳者になるんだ」。そう心に決め、大学に進学しました。

伸びる人の共通点

　こうして大学生になった私ですが、そもそも英語がやりたくて進学を決めたのです。専攻のスペイン語にはまったく情熱を持てず、スペイン語の授業中にもこっそり英語の勉強をしたりしていました（おかげで再履修の嵐でした）。

　このころの私の英語学習は、==単語や表現を覚えたり、英検の問題集を解いたりといった、受験勉強の延長のようなもの==でした。TIMEや英字新聞も読んでみましたが、解読・分析に終始してしまい、発話力はまったく上がりません。

　例えば、柔道部の練習で一緒になったアメリカ人留学生に英語で話し掛けてみても、丸覚えしたフレーズがたまに奇跡的に通じることはあっても、会話のラリーには発展しませんでした。そもそも、文で話すことができないのです。「これでは永遠に話せるようにならない」と焦りが募っていきました。

　幸運なことに、関西外国語大学は留学生の受け入れが非常に盛んで、キャンパスにたくさんの外国人がいました。彼らが学ぶ留学生別科には、英米語学科の学生が受講できる共同開講科目や留学準備コースもあり、日本人学生もたくさん出

留学生別科の友人たちと。右端が筆者

入りしていました。

　私は学科が違うので受講資格はなかったのですが、2回生に上がるころから、この留学生別科の校舎の学生交流スペースに、しばしば通うようになりました。留学生と日本人学生の会話に聞き耳を立て、英語ができる人の秘密を盗もうと考えたのです。われながら怪しかったと思いますが、頻繁に入り浸っているうちに徐々に友達もでき、いろいろな話を直接聞けるようになりました。

　彼らと付き合うようになってわかったのは、留学を経験していても、必ずしも全員が流ちょうに英語が話せるわけではないということです。一方で、留学もしていないのにどんどん上達していく人も存在しました。

　私から見て成長が早い人に共通するのは、**「力みがない」こと**でした。彼らは英語で話していても、日本語で話しているときと印象があまり変わりません。言い換えれば、英語でもその人らしい話し方で、テンションも、テンポも、感情表現も自然体なのです。使っている語彙が特に多いわけではありません。むしろごく限られた、基礎的な単語しか使っていません。でも、それらの単語を何にでも使い回して、流ちょうに話しています。そして、**発話にとにかくスピードがあり、軽やか**なのです。

　例えば、こんなことがありました。留学生を交えた友人数人で、英語と日本語のちゃんぽんで雑談をしていたときのことで

す。大阪のちょっとディープな街に飲みに行ってみようという話になって、誰かがふと「あの辺は"ぼったくり"も多いから気をつけないとね」と言いました。それを留学生に説明しようとして、私たちは「"ぼったくり"って英語でどう言うんだろう？」と考え込んでしまったのです。すると英米語学科の女の子がさらりとこう言いました。

"They'll take all your money."
（お店がお金を全部取っちゃう）

……「あっ！」と思いました。"ぼったくり"という名詞を、彼女はThey（彼ら・店）という主語（S）とtake（取る）という動詞（V）でさらりと訳したわけです。

特別な名詞を知らなくても、「誰が何をするのか」「何がどうなるのか」に注目して、簡単なSVで表せば、十分に伝わるんだ——それは私にとって大きな発見でした。

日本語に縛られず、言いたいことの核となるイメージを瞬時にとらえて英語にできる。それこそ私の求める「流ちょうさ」でした。しかし、なぜそんなふうにできるのか尋ねてみても、彼女は「気づいたらこうなっていた」と言うだけで、具体的なコツを教わることはできませんでした。結局、生まれ持ったセンスの問題なのか、努力しても自分には流ちょうな英語は手に入らないのか……また新たな壁にぶつかった気分でした。

理論編

感情と英語を直結させる

　その壁を乗り越えるきっかけは意外なところにありました。

　3回生に上がるころ、私は大阪の繁華街にあったナイトクラブでバウンサー（bouncer、用心棒）のアルバイトを始めました。お酒を出す店なので、酔って暴れる人や、他のお客さんとけんかを始めてしまう人もいます。そこに介入して、トラブルを解決したり未然に防いだりするのがバウンサーの主な仕事でした。危険を伴う分、時給が高く、外国人客が多いため英語を話す機会が多かったのも魅力でした。同僚に日本語も英語もとてもうまいオランダ人がいて、語学上達の秘訣をいろいろと聞いたものです。彼もまた基礎的な単語を使い回す達人で、「同じ意味の言葉はたくさんあるが、最初は最も簡単なものだけを徹底的に使え」とよく言っていました。

　夜ごとクラブのお客さんを見ているうちに、気づいたことがありました。

　人は酔うと誰でも本音が出やすくなります。脳の一部がマヒし、その瞬間に感じたことが理性のチェックを介さずそのまま口に出てしまうからです。

　お客さんがすっかり酔っぱらって、笑ったり泣いたり怒ったりしながら話しているときは、難しい語彙はほとんど出てきません。**シンプルな基本語彙ばかり**です。でも、驚くほど冗舌に話しています。

「酔って正体を無くしていてもあんなに話せるのは、使い慣れたシンプルな言葉だけは、何も考えなくても自動的に出てくるからかもしれない」。彼らを見ていて、私はそう考えました。幼いころからずっと使ってきた言葉は、楽しいときも悲しいときも怒りに満ちているときも、ずっとその人の人生と共にあり、その人の感情体験とダイレクトに結び付いている。だから、脳を意識して働かせなくても、感情の流れに連動してすっと口から出てくるのかもしれない、と。

それならば私たちも同じように、**シンプルな英語表現を、感情と直結するレベルまで自分の脳に染み込ませることができれば、力みのない自然な流ちょうさが手に入るのではないだろうか**——。

そう考え始めてから、私はシンプルな英語の会話表現を収集するようになりました。仕事中に「自分もこれを言いたい」と思うような表現に出合うたび、メモ帳に書き留めるようにしたのです。

特にお客さんが泣いたり怒ったりしているときの会話には耳をそば立てていました。それは、彼らの生の感情に直結して

バウンサーをしていたころ

理論編　17

いる表現だからです。映画の対訳シナリオ集からセリフを引き写すこともありました。『ザ・ファーム』や『パルプ・フィクション』など"裏の世界"を描いた映画のセリフは職場でも使えるので、重宝したものです。

本や雑誌から表現を拾う場合は、引用符（""）の中の英文をターゲットにしました。そこにあるのは実際に人が語った言葉だからです。特にTIMEの10 Questionsという著名人のインタビュー連載がお気に入りでした。これは旬の有名人が同誌記者の10の質問に回答するという記事で、長さもちょうどよく、くだけすぎない、自然な会話表現の宝庫でした。

こうして集めた表現を、暇を見つけて音読するようになりました。ただ声に出して読むだけでなく、**自分の感情を英語とつなげるために、話し手になりきり感情を込めて読む**ようにしたのです。音読はそれまでもしたことがありましたが、自分の気持ちにぴったりくる表現を感情を込めて音読すると、それはより自分の言葉として定着する感じがしました。単語を一部入れ替えて新しい表現を作り、それをまた音読したりもしていました。これを始めてから運用能力は徐々に上がり、

書きためた表現メモ。現在も続けている

1年ほどたつと、日常会話で言葉に詰まることはかなり少なくなりました。

英語を話すことに少し自信がついたころから、私は、通訳的なアルバイトをするようになりました。不動産屋で留学生相手に物件のあっせんや契約の代行をしたり、友人が学生ベンチャーで始めた翻訳・通訳サービス会社に登録して、見本市の展示ブースで商談の通訳をしたりという仕事です。

拙(つたな)い通訳でしたが、対価をもらっている以上はプロです。「このまま通訳者としてやっていけるかもしれない。いや、やっていこう」と決めていたので、4回生になり友人たちが次々と就職を決めていく中でも、不思議と焦りはありませんでした。そのまま卒業し、バウンサーのアルバイトを続けながら、月に数回、通訳の仕事をする生活が始まりました。

通訳者デビューで「スピード不足」を痛感

2002年、25歳になる年に、ある転機が訪れました。

三重大学の生物資源学部が、米メリーランド州への10日間の調査旅行に随行する通訳者を募集していたのです。メリーランド州にはチェサピーク湾という世界有数の内湾がありますが、1970年代、流域の開発で水質が汚染されて、貴重な水生生物が減少してしまいました。しかし、連邦政府・州政府・地域住民が一体となって環境改善プロジェクトに取り組んだ結果、そ

の後、資源が目覚ましく回復したのです。この事例を伊勢湾など日本の湾の水質改善に生かすため、三重大の研究者チームがプロジェクト関係者にヒアリングを行うことになり、チームに同行して会議や視察の場で通訳をする人を探していたというわけです。

　私は環境分野での通訳経験はほぼゼロだったので、ダメもとで応募したのですが、奇跡的に選ばれました。初めての本格的な、大きな通訳の仕事です。天にも昇る心地でした。

　これは後からわかったことですが、決め手となったのは通訳の力量ではありませんでした。「身長6フィート以上であること、可能であれば武道経験者」という謎の応募条件をクリアできたのが、私だけだったからなのです。それは前年の9.11テロを受け、米政府が要人の警護に非常にセンシティブになっていた時期でした。調査旅行ではメリーランド州環境庁長官が同行する現地視察の予定も多く組まれていたため、「長官のそばに立つ通訳者が大きければ、いざというときに弾除けにもなって一石二鳥だろう」ということで私が選ばれたらしいのです。
　そんなちょっとガッカリな経緯はともあれ、私はあわてて環境関連の専門用語を頭に詰め込み、アメリカに出発しました。

　そこで待っていたのは想像以上に厳しい現場でした。渡米前にも自分なりに勉強したつもりでしたが、通訳時に渡された資料は厚みが20センチ以上もあり、海洋生物学の専門用語

やデータが満載。とても覚えきれません。国際会議の通訳は商談や一般的なプレゼンテーションの通訳とはまったく違い、==英語の運用力だけではなく、毎回変わる専門的なテーマにどれだけ短期間で習熟できるかが問われる==ことを思い知りました。

メリーランド州政府関係者と三重大研究者チームの会議の一コマ。右中央が筆者

　また、それまで私が主にやっていた通訳は基本的に1人の話を訳す形でしたが、会議などの意見交換の場では、複数の人が間を置かずに次々と話します。エキサイトしてくると、ほぼ同時に、早口で話すようになります。一瞬でも訳を考えていたら置いていかれる、言葉を取りこぼしてしまうのです。

　私は日々ギリギリのところで英語、日本語と格闘し続けました。連日深夜まで資料を読み続けて睡眠不足だったこともあり、質疑応答の最中に頭に血が上りすぎて鼻血が出てしまい、資料とシャツを真っ赤にしてしまったことも何度かありました。

　幸い、全体的には他人に気づかれるようなミスはなく、大学側にも仕事ぶりに満足してもらえたようなのですが、自分とし

ては力不足を痛感せざるをえない 10 日間でした。とりわけ感じたのは**「スピード不足」**です。話し手の感情や思考が走りだし、言葉がものすごい速さで繰り出されるとき、私の訳はどうしても少し遅れてしまうのです。

話し手の感情や思考の動きに即座に反応し、訳せるようになるにはどうしたらいいか。帰国してからは、またトレーニングの方法を模索する日々が始まりました。

考え抜いてたどり着いた訓練法が、それまでも行っていた**「感情を込めた音読」を、「できるだけ速く」「繰り返し」行う**という方法でした。

「理を知り、数を掛ける」

英文を感情を込めて、できるだけ速く繰り返し音読する――考え抜いたわりにはしごく単純な方法ですが、私なりに理論的な裏付けもありました。

通訳に求められるのは、スポーツと同じ反射神経です。簡単に言えば素早く情報を判断して的確な動作を行う能力で、次の5つのプロセスから成り立ちます。

1. 目や耳、皮膚などから**情報が入る**。
2. その情報が感覚神経を通じて**脳に伝わる**。

3. 脳がその情報を処理し、**指令を出す**。
4. 脳からの指令が運動神経を通じて**筋肉に伝わる**。
5. 筋肉が指令通りに**動作する**。

1〜4は神経伝達、5は筋肉運動です。神経伝達の速度は意識的に鍛えることはできません。一方、筋肉運動の速度はトレーニングで向上させることができます。

通訳でいえば「脳が相手の言葉（情報）を耳から受け取り、別の言語に変換し、発声器官を使って出力する」というプロセスのうち、最後の発声器官を使った出力、すなわち口・舌・喉を動かして声を出すところだけが筋肉運動です。私は、「まずはそのプロセスだけを鍛えればよい」と考えました。センスはどうにもならなくても、身体的なことだけは、努力すれば必ず伸ばせるからです。

筋肉の運動速度を上げるのに最も効果があるのは同じ動作の反復です。野球のバッティングや投球練習がいい例ですが、同じ動作を何度も繰り返すうちに体がコツを覚え、反応速度が上がっていきます。そこで私は、さまざまな感情を込めた英文の音読をひたすら繰り返すことにしました。そして回数をこなすためにスピードを徐々に上げていきました。やってみるとわかりますが、音読のスピードを上げると口や舌に大きな負荷がかかります。それが発話のための筋肉を強化し、英語を話すときの瞬発力を上げてくれるのです。

私が小学校1年から高校3年まで修行をしていた少林寺拳法の教えに**「理を知り、数を掛ける」**という言葉があります。「原理をつかみ、何度も練習することでしか技は身につかない」という意味です。

また、**「人十度、我百度」**という言葉もあります。これは「人が十度やるなら自分は百度やる。努力だけが、凡人が何かを成し遂げる方法である」ということです。このように、少林寺拳法ではあらゆる側面で**「地道に量をこなすこと」**が強調されています。

突き・蹴りなどの基本動作は反復練習で体に覚えさせる

実際に、型稽古(げいこ)で正しく学び、数を掛けて練習した技は、実戦になっても無意識に出てきました。しかも、一度無意識のレベルに落とし込んだ技は自分でいかようにも変化させることができ、あらゆる局面で私を助けてくれます。

正しい英文を「数を掛けて」音読することで、英語でも同じような作用が起きるのではないか。少林寺拳法で培った体感で、私はそう予感したのです。そして、この方法が「パワー音読」の原型となったのです。

過去の自分と競い、限界を押す

　こうして私は「パワー音読」に取り組み始めたのですが、最初のうちは依然として、試行錯誤が続きました。そのころはインタビュー記事を丸ごと1本、1～2時間かけて音読していたのですが、1時間も音読していると、どうしても集中力が切れ、ダレてきてしまいます。1回1回が雑になるし、素材が長い分、あまり回数をこなすことができません。

　その後、一定時間内に「数を掛ける」には、当然ながら1回の分量を減らせばいいのだ、ということに気づきました。そこでいろいろ試してみた結果、**素材を 50～100 語に区切り、10～15 分だけ取り組む**のが自分にとってちょうどいいことがわかりました。例えば、下記の英文で49語です。

Now is the time to rise from the dark and desolate valley of segregation to the sunlit path of racial justice. Now is the time to change racial injustice to the solid rock of brotherhood. Now is the time to make justice ring out for all of God's children.
　("I have a Dream" by Martin Luther King, Jr.［1962］から抜粋)

　ネイティブスピーカーの普通の会話スピードは1分間に140～150語くらい、CNN や ABC など速めのニュースで180～200語くらいです。ニュース番組のアンカー並みの速さで音読したとして、上記のような50語くらいの素材であれ

理論編　25

ば、10分で40回くらい読むことになります。1回1回、英文から情景をイメージし感情を込めながら音読すると、へとへとになります。喜怒哀楽、どんな感情であっても、強く味わおうとすると脳はストレスを受けます。その負荷のかかった状態を維持しながら音読を反復するということは、さながら「脳の筋トレ」のようなもの。非常に疲れますが、その繰り返しが英語の回路を強化してくれます。

さらに、音読するスピードは「ネイティブ超え」を目指しました。**発音が崩れない範囲で可能な限り速く読む**ようにしたのです。目標がないと張り合いがないので、**成長が目に見えるよう、カウンターで音読した回数を数える**ことにしました。交通量調査などで使われている、カチカチ押して数を数えるあの機械です(100円ショップでも売っています。ちなみに正式名称は「数取り器」と言います)。一定の

好んで音読していたTIMEの10 Questions

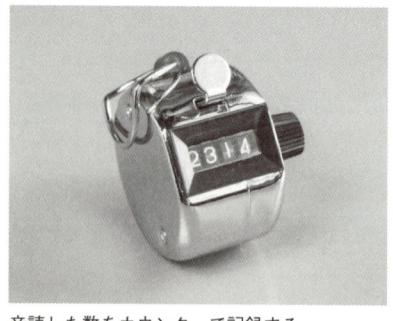

音読した数をカウンターで記録する

時間の間にその素材を何度音読することができたか、1セット行うごとにその回数を記録し、前の記録に挑戦するようにして音読すると、最初は40回、次は45回、その次は47回というふうに、どんどん自分の限界を押していくことができます。前より速く、もっと速くと熱中するうちに、英文もすっかり頭に入ります。

　このやり方に変えてから、すべてがうまく回り始めました。疲れていたり気乗りがしない日も、15分で終わると思えばやろうという気になりますし、一度やり始めるとゲーム性があるのでどんどん続けられます。2カ月もたたないうちに以前より速く英語が出てくることに気がつきました。通訳をしていても、話し手の言葉や表情から読み取れる感情にそっと自分の心を合わせるだけで、英語がすっと口から出てくるのです。

　これは、速い音読で口周りの筋肉が強化されて、発話スピードが上がったからというだけではありません。**感情と英語とがダイレクトにつながったことで、自分の中にその感情が走った瞬間に英語が口をついて出てくるようになった**のです。

　これこそがパワー音読の真の効果でした。伝えたいイメージに合わせ、英語は私の中で柔軟に形を変えて自由に組み合わさり、新しい文となって口から飛び出していきます。それはずっとあこがれていた、力みのない軽やかな英語を生み出す本物の運用力でした。

英語が口からあふれ出す

「もっと自分の力を試したい」。パワー音読を始めて1年ほどたったころ、私はそう考えて、新しい通訳派遣会社に登録してみることにしました。そこで愛知県で評判の高い、ある通訳会社に売り込みをかけてみたところ、「まずはうちの通訳学校の授業を受けてください」とのこと。確かに、通訳者としての実績はあっても、当時の私の英語関連の所持資格は中学2年生の時に取得した英検4級だけでしたから、実力を疑われても仕方がありません。言われるままに、その会社が運営している通訳養成学校の上級クラスに出席しました。

授業は生徒が日英・英日の同時通訳を行い先生の講評を受けるというスタイルで、その日の課題は確か、日英通訳が環境テクノロジーの専門家の話、英日通訳がスティーブ・ジョブズのインタビューでした。講師に「あなたもやってみて」と促され、私はクラスの前で通訳を披露することになりました。実力派ぞろいの受講生たちに、国内完全独学の雑草のような私の通訳はどんな評価を受けるのか……内心、不安でたまりませんでした。

課題の音声はラジカセから流れてきまし

野呂昭彦三重県知事（当時）とドイツ・トリア大学代表団の会議通訳の場面（2009）

た。話し手の姿は見えなくても、声のトーンや息遣いなどから、その人の心の動きを感じ取ることができます。その心につながっていこうと集中した瞬間、まるでラジオのチューニングがぴたりと合ったかのように、日本語は英語に、英語は日本語になり、口からあふれ出てきました。いつまでも訳し続けていられるような不思議な気分。訳しながら私はパワー音読の確かな効果を感じていました。

自動車メーカーの研修プログラム修了式通訳（2009）

　授業の後、講師に声を掛けられました。その講師こそがこの通訳会社の社長で、愛知県内トップレベルの同時通訳者でもある方でした。
「明日からM社に行ってください。社内常駐の通訳の仕事です」。そう言われて、私は驚きました。M社は日本を代表する電機メーカーで、その社内通訳者の派遣といえばこの会社にとっても重要な案件なはずです。それをまだ正式登録もしていない私に任せるというのです。

　本当に私でいいのか尋ねると、社長は「あなたは日本語と英語の切り替えがとにかく速い。その実力なら大丈夫です」と

太鼓判を押してくれました。同じ道の大先輩に力を認めてもらえた——それは、ずっと一人で、力ずくで通訳者としての道を切り開いてきた自分にとって大きな励みになりました。

M社への派遣をきっかけとして、私はバウンサーの仕事を辞め、専業通訳者として本格的に活動し始めました。テレビで初めて通訳者の姿を見てあこがれを抱いた日から、ちょうど20年後のことです。それからはさまざまな企業で通訳者・翻訳者として働き、国際会議や要人の記者会見の同時通訳など、大きな仕事もたくさんさせていただきました。そして、その陰には常にパワー音読の支えがありました。

6年ほど前からは学習塾や企業セミナーなどでパワー音読の指導もさせていただくようになりました。パワー音読は間違いなく「話せる英語への最短距離」です。昔の私と同じように英

個人セミナー『話す英語 1 DAY インストール（東京)』（2014）

大学受験予備校での音読授業（2014）

語に片思いをしている多くの方々にぜひ実践していただきたいという思いから、個人セミナーも開催しています。

　この後の章では、直接会ってご指導できない方にも取り組んでいただける、パワー音読の基本的なトレーニングメニューをご紹介します。

CHAPTER 2 理論編

パワー音読（POD）の実践法

ここからは、具体的にパワー音読（POD）の各ステップについて、またステップごとの練習方法と注意点、効果を上げるコツについて見ていきます。

オリジナルPODと発展型POD

PODは英語を流ちょうに話す上で必要な**日英変換力**と**スピード**を養うために開発されたメソッドです。その原型は前章で紹介したように**「50〜100語の英文素材を」「10〜15分」「感情を込めて、なるべく速く、たくさん音読する」**というものです。

このオリジナル形式でPODを実践してももちろんいいのですが、初めてPODに取り組む方にとっては、10〜15分の繰り返し音読は想像以上に長くキツく感じられるはずです。最初から負荷が高すぎると、効果を感じられないうちに挫折してしまう危険があります。

そこで本書では、初めてPODを行う方でも取り組みやすく効果が出るように改良を加えた、**発展型のPOD**をご紹介したいと思います。発展型PODは次の6ステップから成り立ちます。

発展型PODの6ステップ

Step 1. チャンク音読
Step 2. ノーマル音読
Step 3. ささやき音読
Step 4. 和訳音読
Step 5. 感情音読
Step 6. タイムアタック音読

　この**6ステップ1セットを15分以内に完了**させます。各ステップを短くすることで負荷が下がるため、飽きづらく、続けやすくなりますし、音読のバリエーションを増やすことで、日英変換力とスピード以外に**英文理解力の向上や発音の改善効果**も期待できます。

　各ステップの方法と効果はP.38以降で詳しく見ていきます。まずはPODに適した素材の選び方についてご説明しましょう。

PODする素材の選び方

　素材となる英文の選び方はオリジナルPODも発展型POD も同じです。次の4つの条件を満たすものを選んでください。

1. 会話文・口語体の文であること

　トレーニングの目的は「流ちょうに話せるようになること」なので、PODする素材はシンプルな口語体の文から取りましょう。映画やドラマのスクリプトはもちろん、インタビュー記事（" "［クォーテーションマーク］の中の言葉が狙い目）、一人称で書かれた易しいエッセーなどもいいでしょう。学術論文のように難解な語が多く、耳で聞いても一発で意味が取れないような英文は、あまりPODに向きません。

2. シンプルな英語であること

　何をもって「シンプル」とするかは考え方にもよりますが、個人的には「難しい名詞が少ないこと」「中学レベルの基本動詞が多く使われていること」「1文が長すぎないこと」が目安になると思います。特に基本動詞はストライクゾーンが広い（1語で多くのことを言い表せる）ので、PODでその核となる意味のイメージを脳に叩き込んでおくと、日英変換時に大きな力を発揮してくれます。

3. 興味を持てる内容であること

　内容がつまらなければ音読をするのも苦痛になります。仕事や趣味、ライフスタイルなどの面から、自分が興味を持てる

トピックの英文を選びましょう。例えばビジネスパーソンなら話題のビジネス書（ただし易しい英語で書かれたもの）、映画好きなら好きな俳優の記者会見の記事やレビューサイトの投稿を選ぶといった具合です。私の場合は格闘技やトレーニングに興味があったので、アメリカの格闘技雑誌や一般向けの運動生理学の本、脳科学や心理学系の雑誌などをよくPODの素材にしていました。

4.「こんなふうに話したい」と思える英語であること

　3. とも重なりますが、自分が最終的に「こんなふうに話せるようになりたい」と思える英語を選びましょう。トピックだけではなく話の運び方やトーンも判断の基準にします。例えばIT関係の仕事をしていて、ロジカルな英語を話せるようになりたいと思うなら、スティーブ・ジョブズの著作やスピーチを使ってみる、といった具合です。インターネットで、"お手本にしたい人物の名前　interview"で検索すると、素材が見つかるはずです。YouTubeやTEDなど動画・音声付きのインタビューを使うと、発音やしぐさも確認できるので、さらにいいですね。

お薦めPOD素材

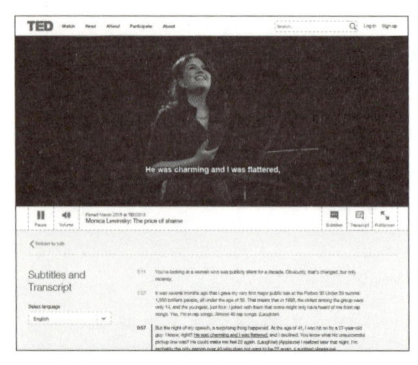

TED
https://www.ted.com
TED（Technology Entertainment Design）はカナダをベースに活動している非営利団体。「広める価値のあるアイデア」をモットーとし、学術、医療、芸術などさまざまな分野のスピーカーのプレゼンテーション動画を無料配信している。英語のスクリプトだけではなく有志による日本語の字幕が付いている動画もあり、PODの素材として最適。

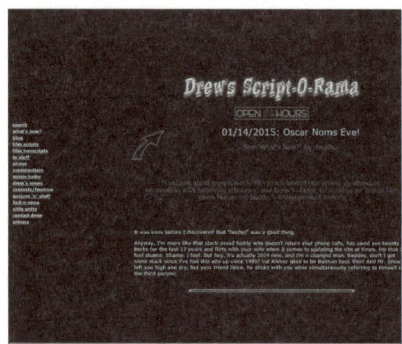

Drew's Script-O-Rama
http://www.script-o-rama.com
映画やドラマのスクリプト（脚本）リンク集。映画のセリフを素材にする場合はDVDの英語字幕を書き写してもいいが、インターネットで公開されているスクリプトを利用すると手間が省ける。草稿段階の脚本やファンが自分の手で起こしたものなど完全な形ではないスクリプトもあるが、PODしたいセリフの当たりをつけるのには便利。

Real英会話
http://www.ltbox.co.jp/RealEikaiwa/
「Real英会話」はネイティブがよく使う自然な英会話フレーズを、例文、コメント、音声付きで学習できる大人気iPhoneアプリ。カナダ出身の英語講師・テリー先生が毎日1フレーズずつ更新している。iPhoneを持っていない人も、Twitterでテリー先生のアカウント（@real_eikaiwa）をフォローすれば、先生が1日に数回つぶやく、PODにもぴったりの例文を受け取ることができる。

TIPS 1　自分の「話しぐせ」をPODする

　一度、友達や家族と雑談しているときの自分の声を IC レコーダーなどで録音してみてください。例えばあいづちが「そうなんだ〜」ばかりだったり、話し始めが必ず「でさ、」だったり、頻繁に口にしている言葉があるはずです。それがあなたの「話しぐせ」です。辞書やインターネットで調べたり、バイリンガルの友達に聞いたりして、その「話しぐせ」にぴったり合う英語表現を見つけましょう。その英語表現を POD で自分に染み込ませると、英語で話していても、いつもの自分らしい感じが出せますよ。

　ちなみに私の「話しぐせ」の一部を POD 用例文にすると、下記のような感じです。

- 要は……　　　　　　　　The thing is...
- さっきも言うたけど……　Like I said, ...
- 何でもええよ。　　　　　It's whatever.
- 別にええやん？　　　　　Can't I?
- 説明できへんわ。　　　　Don't ask me why.
- それマジで言うてんの？　Are you serious?
- いや〜、それはどうやろ？　I don't know about that!
- （最後に付け足して）よく知らんけど。
　　　　　　　　　　　　　I don't know much about it though.

理論編

発展型 POD の各ステップ解説

それでは、発展型 POD の各ステップを見ていきましょう。

Step 1. チャンク音読——意味の塊をとらえる

> **方法** 文の要素ごとの区切りを意識しながら、英文をゆっくり読む
> **効果** 英文を頭から理解する力が強化される

チャンク（塊）とは「意味のまとまり」のことです。

ネイティブスピーカーは英語を聞いたり読んだりする際に、1語ずつ意味を処理しているわけではありません。例えば、

All we can do is to try to do our best no matter what it takes.

この文を「すべて」「私たち」「できる」「する」「は」「してみる」……のようにばらばらに訳しても、意味は取れませんね。代わりに彼らは次のようにとらえているはずです。

[All we can do]（私たちにできるすべてのこと） is（は） [to try to do our best]（ベストを尽くすこと） [no matter]（関係なく） [what it takes]（何が必要か）．

このように、英文を読んだ、または聞いた瞬間に、主語にな

る塊、動詞になる塊、目的語になる塊、補語になる塊、修飾語の塊……のように分類し、その**塊ごとに意味を取っています**。つまり、自動的に文の要素をチャンク分けしながら読み聞きしているのです。

英文の骨組みは、命令文などの例外はありますが、**通常、[A] is [B]（A は B である）、[A] does [B]（A が B をする）**いずれかの形を取ります。チャンク分けをする際には、この [A]、動詞（is/does）、[B] の骨組みを意識します。例えば……

<u>What (I think) makes him stand out as a teacher</u> <u>is</u>
　　　　　　　　　　主語(S)　　　　　　　　　　　　　　動詞(V)
<u>his ability to relate to the students</u>.
　　　補語(C)

この文の [A] に当たるのは冒頭の What から teacher までの主語（S）の塊です。I think という挿入もあって長いですが、感覚としてはこの塊を一語として処理します（=「[私が考えるところの] 彼を講師として際立たせているもの」）。動詞（V）は次の is ですね。[B] に当たるのは his ability から student までの補語の塊です（「彼の生徒たちと心を通わせる能力」）。[A] is [B] が成り立っているわけですね。

読んだり聞いたりしながらチャンク分けができるようになると、英語を処理するスピードがぐんと上がります。その**感覚を養うために行うのがこの「チャンク音読」です。**

理論編

「チャンク音読」では、**全体的にゆっくりめに、ただしチャンク部分は一気に読みます**。前出の英文であれば、What I think makes him stand out as a teacher ／ is ／ his ability to relate to the students. の3つに分けて読むわけです。

音読しながらチャンクを見抜くのは難しいので、**音読をする前に英文を読んで、意味の塊ごとにスラッシュ（／）を入れておく**とやりやすいと思います。区切りをあまり細かくすると文意をとらえにくくなるので、[A] is [B]、[A] does [B] の骨組みを中心にざっくり切るようにしてください。

Step 2. ノーマル音読——発音を確認する

> **方法** 正確な発音、自然なリズム・イントネーションを心掛けながら、英文を普通のスピードでなめらかに読む
>
> **効果** 発音の改善、「タイムアタック音読」の下準備

ノーマル音読は名前の通り「普通に音読をする」段階です。チャンク音読では意味の塊ごとに区切ってゆっくりめに読みますが、ノーマル音読では、区切りがあることは意識しつつも、**文としてはなめらかに、普通のスピードで読む**ようにします。

意識していただきたいのは「全体としての英語らしさ」です。単語それぞれの発音ももちろん大事ですが、通じる英語のポイントはそれより、音の強弱が作り出すリズムです。ざっくり説明すると、**相手に特に伝える必要がある「内容語」（名詞・動詞・形容詞・副詞など）は強く、強調する必要のない「機能語」（前置詞・代名詞・be 動詞・助動詞・冠詞など）は弱く発音されます**。このメリハリが英語らしいリズムを作ります。

　また、文の意味はイントネーション（音の高低）によっても変わってきます。例えば、Ted's here, isn't he? という文の付加疑問部分（, isn't he?）を上昇調で読むと「テッド、ここにいるよね、違う？」という質問になり、下降調で読むと「テッド、ここにいるんでしょう」という確認になります。文の意味に合ったふさわしいパターンで読まないと意図が正確に伝わりません。

　その他、下記の英語特有の発音現象にも注意したいところです。

- **連結**：音がつながること。例えば、I have a pen. の have a は「ハヴ・ア」でなく「ヘヴァ」のように発音されます。
- **同化**：隣り合った音同士が影響しあい、違う音に変化すること。例えば、I'll let you know. の let you は「レット・ユ」でなく「レッチュ」のように発音されます。
- **脱落**：速い発話の中で、連なる子音の1つが消えてしまっ

理論編

たり、強勢のない母音が消えてしまったりすること。例えば、I could have gone tonight. では、could have は h が落ちて「クッド・ハヴ」でなく「クダヴ」に、tonight は o が落ちて「トゥーナイ」ではなく「テナイ」に近い音になります。

- **破裂**：[p] [t] [k] [b] [d] [g] という「破裂音」が隣り合ったり文末に来たりする場合に聞こえにくくなること。例えば kept は「ケプト」より「ケッ t」に近い音になります。

　ただし、意識するだけではなかなか正しい音は出せないでしょう。発音に関しては学ぶより「まねぶ」という姿勢で、徹底的にマネして身につけていくしかありません。動画や音声などで実際の発音が確認できるテキストを POD 素材に選び、何度もよく聴き、そっくり再現するような気持ちで音読してください。誤った発音のまま「感情音読」「タイムアタック音読」に進んで音を脳内に染み込ませてしまうと、効果がないどころかリスニングにもスピーキングにも悪影響が出ます。この「ノーマル音読」の段階でしっかりと正しい発音を確認しておきましょう。

Step 3. ささやき音読——子音の発音を改善する

> **方法** 声を出さず、息の力だけで英文を音読する
> **効果** 子音の発音の改善、リスニング力の強化

　日本語は母音中心の言語です。ローマ字表記するとわかりますが、例えば「トラベル」なら to-ra-be-ru のように、子音の後に母音が足されて発音されますね。でも英語の travel は「trǽvl（チュレーヴォ）」。t、v、l の後に母音はありません。ですから、英語で話すときは余計な母音を意識して排除し、子音をしっかり発音するようにすると、より英語らしく、通じやすくなります。

　そのための練習が「ささやき音読」です。声帯を震わせずに息の力だけで音読する……と言うと難しく聞こえますが、要するに「2メートル先にいる相手に対し、全力で内緒話をしている感じ」で音読することです。

　ささやき声で読み上げてみると、母音はあまり響きません。その状態で話すには子音に頼るしかないのです。このように**あえて子音しか使用できない状況を作り出すことによって、子音の発音を強化できます**。耳で子音をキャッチしやすくなる効果もあるので、リスニングも楽になります。

理論編

Step 4. 和訳音読──英文の意味を母語で腑に落とす

> **方法** 英文の和訳を音読する
> **効果** 英文の意味をより深くとらえる
> 「感情音読」で英文と感情をつなぐ下準備をする

「和訳音読」は素材英文の和訳を感情を込めて音読するステップで、この後の「感情音読」の準備として行います。

前章でご説明した通り、PODの神髄は「自分の感情と英語とを直結させ、感情が動いた瞬間にその英語が出てくるまで叩き込む」ところにあります。それにはまず素材である英語の意味を、トーン、ニュアンスまで含めて正確につかんでおかなければなりません。間違って解釈したまま感情とつなげてしまうと、おかしなことになってしまいますからね。

POD素材としてすでに日本語訳のある英文を選んだ場合は、その訳を利用すればよいでしょう。日本語訳がない場合は、適切な日本語訳をつけるところから始めます。その際には**直訳から離れ、気持ちが乗りやすい、なるべく自分らしい言葉づかいの訳にする**と、感情とつなげやすくなります。例えばWhy does it always rain when I wash my car? だったら、「私が洗車をするときはなぜいつも雨が降るのでしょうか」ではなく「なんでおれが洗車するといつも雨が降るんだよ」と訳

すといった具合です。

　そして役者のように話し手になりきって、情景を想像しながらその訳を音読します。上の例文なら、洗車を終えて車をぴかぴかに磨き上げた瞬間に額にぽつんと雨粒が落ちてきた場面を心の中のスクリーンに投影しながら、「な〜んで、おれが洗車するといつも雨が降るんだよっ！」と、いまいましげに読むわけです。**そのときに湧いた感情をしっかりと覚えておいてください**。その感情を次のステップで英語と結び付けます。

　なお、わざわざ一度日本語にしなくても、英文からじかに感情を引き出せる方にとっては、必ずしもこのステップは重要ではありません。和訳音読はあくまでも「英語とつなげる感情の確認」として行うものですので、1回でも十分ですし、時間がない場合には飛ばしても問題ありません。

理論編

Step 5. 感情音読──英文と自分の感情を直結させる

> **方法** 感情を込めて英文を音読する
> **効果** 英文と感情が結び付き、その感情を覚えた瞬間に英文が出るようになる
> 会話で相手の気持ちを察知しやすくなる

　自分の感情と英語をリンクさせる、PODの最重要段階です。
　Step 4. の「和訳音読」で確認した情景と感情を呼び起こしながら、今度は英文を音読します。心の中に映画のスクリーンがあるとイメージし、そこに先ほど思い描いた情景を投影します。そして、話し手になりきって英語を読み上げ、感情と英語をつないでいきます。**和訳と英語の間にギャップがなくなり、感情と英語が一体化するように、音読を繰り返しましょう。**

　ベースの感情とのリンクが完了したら、次に**さまざまな感情パターンで音読**をしてみましょう。インタビュー素材なら自分が実際に質問をされている場面を想像し、はきはきと「できるビジネスパーソン風」に読んでみたり、ちょっとぶっきらぼうに怒ったように読んでみたりと、自分を主人公にしていろんなパターンを演じてみるのです。役作りを通じて、さまざまな感情を疑似体験するということです。

　これは、自分の表現のバリエーションを増やすためだけでは

ありません。**英語からすくいとれる感情パターンが増えることで、リスニングをするときに話者の気持ちをより敏感にキャッチできるようになります。**要するに、「英語で空気が読めるようになる」のです。これは特に通訳者には必要な技能です。

参考までに、試してみてほしい「役柄」のバリエーションを列記しておきます。英文素材の内容と、自分の好みで取り入れてみてください。

- できるビジネスパーソン風──さわやかに、明りょうに。
- 政治家のスピーチ風──堂々と、自信にあふれた感じで。
- 怒れるクレーマー風──いきり立ったように早口で。
- インテリ評論家風──皮肉を込めて、ユーモラスに。
- 悟りを開いた人格者風──穏やかに、おごそかに。
- 悪霊風──怨念を込めて、呪いをかけるように。

最後の「悪霊風」はちょっと行きすぎかもしれませんが、私自身の体験から申し上げると、**ネガティブな内容の文は強烈に感情と結び付きます。**合う英文素材があればお試しください。ゆっくりと母音を伸ばすように読むと感じが出ます。

理論編

Step 6. タイムアタック音読──英文を脳に叩き込む

> **方法** 英文を一定の時間内に、感情を込めて、できるだけ速くたくさんの回数音読する
>
> **効果** 英文と感情がより強固に結び付く
> 自然な文法・語法感覚が身につく
> 英文を自分で生み出す素地ができる

　Step 6. では、Step 5. の「感情音読」をできるだけ速いスピードで繰り返し行います。ここまで音読してきた英文を「数を掛けて体に叩き込む」、仕上げの段階です。「タイムアタック音読」には 100 円ショップなどで売っているカウンターがあると便利です。**カウンターを使い、決まった時間内に何度音読できたかを記録しましょう。**

　「タイムアタック音読」は一度で終わらせず、時間を置いて何回か行うと効果的です。やるたびに、どれだけ回数を伸ばすことができるか、過去の自分と競うようにするとゲーム性が増し、やる気が持続します。

　「速く音読すること」の効果は、まず単純に**口が速く回るようになる**ことです。口が英文の形を覚えてしまうので、いざ「これを言おう」と思ったときに、スピーディーに英文が口から出てくるのです。速く言えることはゆっくり言うこともできます

から、限界速度で口を回せるようにしておくと、話すときにも余裕が生まれます。

次に、**英文の内容がより速くより深く脳に定着する**ことが挙げられます。これは単純に速く読む分、音読する回数＝英文と接触する回数が増えるからというのもありますが、「タイムアタック」が自然に英文を暗記できてしまう仕組みだからということもあります。「タイムアタック」を始めてみるとわかりますが、英文を目で追って読み上げていては、ある時点から速度が伸びなくなります。そこからさらにスピードを上げるには、英文をすっかり理解しソラで言えるようになる必要があります。ですから真剣に「タイムアタック」に挑めば挑むほど、英文を暗記したくなるし、暗記できてしまうのです。英文をソラで言えるようになると、役者が台本なしで演技するのと同様、感情も込めやすくなるので、さらに効果が上がります。

さらに、「タイムアタック音読」でさまざまな英文を脳に取り込んでいくと、あるときから変化が起き始めます。**覚えた英文のパーツ同士が、言いたいことに合わせて自動的に組み合わさり、新しい英文として口から出てくる**ようになるのです。それはあたかも２歳児に訪れる「言葉の爆発期」のように、感情記憶とともに脳にため込んだフレーズが、その時々の感情に合わせて形を変えてあふれ出てくる感じです。この段階に至ると、言いたいことをいちいち頭の中で英訳しなくても、心の赴くままに英語を口にできるようになります。

「音読だけでそこまでいくわけがない」と思われるかもしれませんが、私は実際にPODだけで現在の英語運用力を身につけました。効果は保証します。もしこの方法で話せるようになれないとしたら、それは「感情」「スピード」「反復」「集中」の4つの力のどれかが足りていないからだと考えられます。

　特に「反復」は、多くの人が必要を感じながらも十分に実践できていません。スポーツでも音楽でも反復はあらゆる技能の習得の基礎です。これに関しては楽な裏道はありません。

　ただ、やりさえすれば、話せる自分に必ずたどり着けるのですから、話は簡単です。私が見たところ、少しやってみてすぐに効果が実感できないと、とたんに「これで本当に力がつくんだろうか」と不安になり、迷いが生まれて集中できない→さらに効果が落ちる、という負のスパイラルにはまっている方も多いようです。PODは脳の筋トレで英語の回路を作るメソッドですが、筋肉の維持や肥大にトレーニングの継続が必要なように、PODも日常的に続けることが大事です。成長が止まっているように見えるときも、次の飛躍に備えた準備期間かもしれません。迷いを捨てて、とにかくやってください。PODなら1回最短15分で終えられるので、それほど苦痛はないでしょう。1〜3週間行えば、まずリスニングに効果が出始め、2カ月もするとスピーキングが変わってきます。その後も2〜3カ月ごとにブレークスルーが起こり、英語力がどんどん伸びていることを実感できるはずです。

TIPS 2　WPM（1分間に話せる語数）を計る

　自分の「速さ」を計るには、前章でも触れた「1分間に話される語数」、WPM（Words per minute）を目安にするといいでしょう。

> **WPMの計算式**
> 英文の語数÷かかった時間（秒数）× 60

　例えば70語の英文を音読するのに33秒かかったとしたら、WPMは、70 ÷ 33 × 60 ＝約127語となります。「ノーマル音読」時に自分のWPMを算出しておいて、それより速く読むことを目指しましょう。ネイティブスピーカーのWPMも目標にするとよいでしょう。

- わかりやすいプレゼンテーション…100 ～ 125WPM
- 普通の会話…140 ～ 150WPM
- オーディオブックの録音推奨速度…150 ～ 160WPM
- テレビニュース…180 ～ 200WPM
- オークション競売人のコール…250 ～ 400WPM
- ギネス世界記録認定の最速話者…655WPM
  （カナダ、Sean Shannon氏、1995年）

　ちなみに私の「タイムアタック音読」時のWPMは280語から300語を少し超えるくらいです。

理論編

各ステップの時間配分

PODの各ステップにかける時間は自由にアレンジしていただいて結構ですが、15分で終える場合のモデルケースを下記に示しておきます。

[PODの時間配分例] 15分

Step 1. チャンク音読　　　　　[2分]
Step 2. ノーマル音読　　　　　[2分]
Step 3. ささやき音読　　　　　[2分]
Step 4. 和訳音読　　　　　　　[最大1分]
Step 5. 感情音読　　　　　　　[3分]
Step 6. タイムアタック音読　　[5分]

ステップが増える分、発展型PODはオリジナルPODと比べると、PODの根幹である「数を掛けて無意識に落とす」ための音読──Step 6.のタイムアタック音読──に割く時間が少なくなってしまいます。物足りない方は、全ステップをひと通り行った後、6.のタイムアタック音読をもう1回追加で行うといいでしょう。2度目のセットからはタイムアタック音読だけを5〜10分行うのも手です。

また、50〜100語いっぺんではなく、5〜20語ずつの文単位に分割して行うことも可能です。音読回数が増えるので、

各文がより深く定着します。

「実践編」では、この時間配分に従ってPODを行っていただけるレッスンを45セット準備しています。50〜100語の英文素材と和訳を用意し、自分で時間を計らなくてもいいように、全レッスンを音声化してCD-ROM（MP3ファイル形式）に収録してあります。1日1ユニット、最短15分行うだけで、2カ月もたつころには英語がずっと話しやすくなっているはずです。ぜひやってみてください。

PODを行う回数と場所

1つの英文素材を何回PODするかについてですが、私自身は、現在はオリジナルPOD（15分のタイムアタック音読）1回で終わらせて次の素材に移ることがほとんどです。ただし非常に好きな素材、今後ずっと役に立ちそうな内容の素材であれば、1週間から1カ月連続で行うこともあります。

これから英語運用力を高めていきたい方には、**気に入った素材・自分の弱点である文法や単語の表現を含む素材などを1つ決めて、一定期間（3日〜1週間）継続してPODする**ことをお勧めします。タイムアタック音読でどこまで回数を伸ばせるかに挑戦してみてください。慣れてきたらもう1つ別の素材を日替わりで追加して、バリエーションをつけてもいいですね。

PODは数分のスキマ時間があればどこでもできます。私はよく電車での移動中に小声でPODしていましたが、「ささやき音読」などは人前でやるとかなり奇異に映るでしょうから、自宅で行う方が安全でしょう。出勤前に15分、寝る前に15分、というように、朝晩2回行うと効果的です。ちなみに就寝前に好きな映画のセリフや洋楽の歌詞、小説の一部などをPODしてみると、英語で夢を見ることが増えます。すると夢のイメージと英語が強烈に結び付き、自分の中に感覚として残ります。ぜひ試してみてください。

パワー音読

POD

実践編

「理論編」ではパワー音読（POD）の方法と効果をご説明しました。すぐにでもやってみたいけど、まずどんな英文を素材に選べばいいか迷う、という方も多いのではないでしょうか。そこで「実践編」では、初めてPODを行う方にお勧めの、英語らしい英語をインストールするための例文を提供します。

本書のトレーニングの方法

ここからは、パワー音読（POD）入門用の基本例文に取り組んでいただきます。CD-ROM音声の構成と併せて、取り組み方を確認しておきましょう。

POD入門用例文の内容

POD入門用に、50〜100語の易しい例文を45セット用意しました。これらの例文には、私が体験的に学んできた「英語を流ちょうに話すための基礎パーツ」となる単語・フレーズ・文法・語法が盛り込まれています。例文は次の3つのユニットに分かれています。

Unit 1 著者お薦め文法・表現…15セット

関係詞で始まる節を一語のチャンク（意味の塊）として処理できるようにする例文や、代名詞や無生物主語、基本動詞の応用の広さを知るための例文です。

Unit 2 会話に便利な文法・構文…15セット

時制、仮定法、比較など、受験勉強で学んだ文法の会話への生かし方を学ぶ例文です。

Unit 3 会話に便利な単語・表現…15セット

応用範囲の広い単語やフレーズのニュアンスと用法を学ぶ例文です。

トレーニングの進め方

Unit 1〜3の例文を「発展型POD」のタイムラインに沿って音読します。

発展型PODのタイムライン

Step 1.	チャンク音読	[2分]
Step 2.	ノーマル音読	[2分]
Step 3.	ささやき音読	[2分]
Step 4.	和訳音読	[最大1分]
Step 5.	感情音読	[3分]
Step 6.	タイムアタック音読	[5分]

付属のCD-ROMには、全例文のお手本音声と、上記の「発展型POD」各ステップ既定分数の空トラックのファイル（MP3形式）が収録されています。これらのファイルをパソコンで再生、あるいはパソコンを通じてスマートフォンやデジタルプレーヤーに転送して再生し、音声ガイドに沿って音読をすれば、自分で各ステップの時間を計らなくてもPODトレーニングを行うことができます。

CD-ROM音声の構成

◆ CD-ROM 内には Unit1 〜 3 のフォルダと、自習用トラックのフォルダ、著者によるサンプル実演フォルダ、計 5 つのフォルダがあります。（右表「CD-ROM 内のフォルダ構成」参照）

◆ Unit1 〜 3 フォルダ内には例文 01 〜 15 フォルダがあります。例文フォルダには、各ステップの【お手本音声トラック】と【トレーニング用空トラック】があります（ただし、Step 6. には【お手本音声トラック】はありません）。これらのトラックは MP3 ファイルです。

◆【お手本音声トラック】にはネイティブスピーカーが読み上げた音声が収録されています。【空トラック】には終了時刻までのカウントダウンコールと、BGM の刻み音が収録されています。お手本音声を聞いた後、空トラックに合わせて音読をしてください。Step 6. については【空トラック】のみ収録されています。トラックの時間内でできるだけ多くの回数、音読をしてください。

◆ 自習用トラックフォルダには、3 種類の【自習用トラック】が用意されています。

 ・トレーニング用空トラック（連続再生用）
 Kara_step1.mp3 〜 Kara_step6.mp3
 Step 1. 〜 6. の【トレーニング用空トラック】のみを連続再生できます。お手本音声を飛ばしてトレーニングを行いたい場合にお使いください。

 ・タイムアタック音読用空トラック（10 分・15 分）
 Original_10min.mp3、Original_15min.mp3
 タイムアタック音読だけを繰り返すオリジナル POD 用の空トラックです。10 分トラックと 15 分トラックがあります。BGM の刻み音と終了時刻までのカウントダウンが収録されています。

CD-ROM内のフォルダ構成

Unit 1 フォルダ	例文01〜15フォルダ
Unit 2 フォルダ	例文01〜15フォルダ
Unit 3 フォルダ	例文01〜15フォルダ
自習用トラックフォルダ	トレーニング用空トラック（連続再生用） タイムアタック音読用空トラック（10分・15分）
サンプル実演フォルダ	著者による Step1.〜6.実演トラック

各例文フォルダ内のトラック（ファイル）構成

トラック	収録内容	
01	Step 1.	チャンク音読 お手本音声
02		チャンク音読 空トラック（2分）
03	Step 2.	ノーマル音読 お手本音声
04		ノーマル音読 空トラック（2分）
05	Step 3.	ささやき音読 お手本音声
06		ささやき音読 空トラック（2分）
07	Step 4.	和訳音読 お手本音声
08		和訳音読 空トラック（1分）
09	Step 5.	感情音読 お手本音声
10		感情音読 空トラック（3分）
11	Step 6.	タイムアタック音読 空トラック（5分）

ファイル名規則

【お手本音声トラック】
Unit番号_例文番号_Step番号_トラック番号_model.mp3
【トレーニング用空トラック】
Unit番号_例文番号_Step番号_トラック番号_training.mp3
（例） Unit 1の例文5、Step 3.「ささやき音読 空トラック」
　　　　Unit1_05_Step3_06_training.mp3

誌面の構成

例文タイトル
重点ポイントと例文の内容です。

Unit番号

例文番号

UNIT 3
04 程度を表す副詞で
今昔の小学校を比較

英文
行番号は右ページの和訳の行番号に対応しています。

1. When I was in elementary school,
2. class sizes were **somewhat** smaller / than they are today.
3. The teachers **practically** knew / everything there was to know about us.
4. They were **fairly** knowledgeable / about our individual strengths and weaknesses.
5. These days, / classes are **simply** too large,
6. and / teachers complain / about how it is **utterly impossible** / to control the students.

/ (スラッシュ)
「チャンク音読」時に意識したい意味の区切りを示します。

太字部分
この例文で注目したい単語・フレーズ・文法・語法を表します。

色網部分
一語のように塊で音読したい箇所を示します。

【語注】
1 elementary school 小学校 **2 class size** クラスの規模、1学級の生徒数 **somewhat** 副 やや、多少 **3 practically** 副 事実上、ほとんど **everything there is to know** 知るべきことすべて **4 fairly** 副 かなり、相当 **knowledgeable** 形 よく知っている **individual** 形 個々の **5 simply** 副 ただただ、まったく **6 complain** 動 不平をこぼす **utterly** 副 完全に、まったく

POD手順
□ チャンク音読 → □ ノーマル音読 → □ ささやき音読 → □ 和訳音読 →
□ 感情音読 → □ タイムアタック音読

語注
見出し語は原形にしてあります。2語以上の見出し語には品詞表示をしていません。見出し語の...は節が入ることを、〜は語・句が入ることを示します。

品詞マークの見方
名 名詞　動 動詞　形 形容詞　助 助動詞
副 副詞　前 前置詞　接 接続詞　間投 間投詞

POD手順
各ステップを終えたらチェックを入れましょう。

60

語数	タイムアタック音読の回数の目安	タイムアタック音読記録欄
	タイムアタック音読の速さの目安　140WPM、180WPM、200WPMで5分音読した場合の回数の目安です。	自分のタイムアタック時の回数を記録しましょう。

語数56　タイムアタック音読

目安　140WPM:12.5回　180WPM:16回　200WPM:18回

あなたの記録　1回目_____　2回目_____　3回目_____

1. 私が小学生だったころ、
2. クラスの規模は今よりやや小さかったものです。
3. 先生は私たちについて知るべきことはほとんどすべて知っていました。
4. 私たちそれぞれの長所や短所を、かなりよくわかってくれていたんです。
5. 最近は、クラスの規模がとにかく大きすぎて、
6. 先生も、生徒をコントロールするのはまったく不可能だと訴えています。

和訳
行番号は左ページの英文の行番号に対応しています。必ずしも直訳にはなっておらず、感情を込めやすいよう、やや意訳してある場合もあります。

PODポイント

これも程度の副詞表現を含んだ例文です。very や so、too などに比べてやや難しい響きの単語が多いですが、どれも会議などの通訳をしているとかなり頻繁に耳にする語ばかりです。この機会にぜひいくつか覚えてくださいね。例文で取り上げたもののほかに、absolutely（絶対に）、greatly（大いに）、scarcely（ほとんど～ない）なども頻出です。程度の副詞が入る位置は、一般動詞の前（**3**）、be 動詞や助動詞の後（**2**、**4**、**5**、**6**）、あるいは文末です。**3** の everything there was to know、**6** の how S V の節は一つの塊として読んでください。

PODポイント
例文で意識してほしいポイントや音読のコツを解説しています。

実践編　135

※本書付属のCD-ROMはCDプレーヤーでは再生できません。再生にはパソコンをご利用ください。

CD-ROMに収録されている音声はMP3形式です。

パソコンのCD/DVDドライブにCD-ROMを入れ、iTunesなどの音楽ソフトを利用するとMP3ファイルを再生することができます。手順については、CD-ROM内のReadme.txtをご覧ください。

また、音楽ソフトを経由してパソコンに取り込んだのち、デジタル音楽プレーヤーやスマートフォンに転送して聞くこともできます。この方法についてはご利用の音楽ソフトまたはプレーヤー、スマートフォンに付属するマニュアルでご確認ください。

Unit 1

著者お薦め文法・表現
私が「流ちょうに英語を話すためのカギ」だと考えている、関係詞節、代名詞、無生物主語、基本動詞のストライクゾーンの広さを感じ取っていただくための例文です。

01 「what S V」の塊で夢への決意を語る
02 「where S V」の塊で新店舗の立地を検討する
03 「the way S V」であこがれの人を語る
04 「I wonder if S V」で心配事をつぶやく
05 「what S V」の塊で国の経済政策を語る
06 , whichでディナーの顛末(てんまつ)を話す
07 状況を表すitで休日のプランを語る
08 it's not that ~でグズグズ癖を言い訳
09 無生物主語で患者さんを診察する
10 one、you、they、weで教訓を述べる
11 知覚動詞で目に映る情景を描写
12 基本動詞makeで待つ身の不安をつぶやく
13 基本動詞doで子どもに家事を頼む
14 基本動詞getで残業のぐちをこぼす
15 基本動詞workで同僚のヘルプ要請を断る

UNIT 1 01 「what S V」の塊で 夢への決意を語る

1. I do understand / **what my teacher was talking about**.
2. I may not have / **what it takes to be an English interpreter**.
3. But / I'm going to pursue my dream / anyway,
4. because / that's **what I really want to do** with my life.
5. I'm not sure / **what the future holds** for me,
6. but / I don't want to let other people decide / **what I can do** / or **what I cannot do**.
7. I believe / hard work will pay off / in the end.
8. It just depends on / **how serious I can be**.

[語注]
2 interpreter 名 通訳者 **3 pursue** 動 〜を追い求める **5 hold** 動 用意している **6 let S V** S に V させる、S に V させておく **7 hard work** 名 努力 **pay off** 利益をもたらす

POD手順
☐ チャンク音読 → ☐ ノーマル音読 → ☐ ささやき音読 → ☐ 和訳音読 →
☐ 感情音読 → ☐ タイムアタック音読

語数86　タイムアタック音読

目安　140WPM:8回　180WPM:10.5回　200WPM:11.5回

あなたの記録　1回目_____　2回目_____　3回目_____

1. 先生が言っていたことはもちろん理解できる。
2. 私には英語の通訳者になる才能はないのかもしれない。
3. それでも私は夢を追い続けるつもり、
4. だって、それこそが人生で本当にやりたいことだから。
5. 未来がどうなるかはわからないけれど
6. 自分に何ができて何ができないかを人に決められたくはない。
7. 努力はきっと報われるって信じてる。
8. 自分がどれだけ真剣になれるかにかかってるんだ。

PODポイント

決意表明の例文。きっぱりした調子で読んでみてください。what S V で「S（主語）が V（動詞）すること／もの」。この塊は一気に読みましょう。**2** の English interpreter は、自分のなりたいものに変えて音読してくださいね。what it takes は「必要なもの、才能、要件」という決まった表現です。**8** の how serious I can be は「how 形容詞 S V」で「S がどれだけ〜に V できるか」です。

実践編

UNIT 1 / 02 「where S V」の塊で新店舗の立地を検討する

1. OK, let's start from **where we left off**.
2. The last time we talked, / we were trying to figure out / **where we should open our fourth shop**,
3. and we narrowed our list / down to two options, / as you know.
4. So, our focus today is / to identify what the pros and cons are / in each of the options.
5. Both Sugamo and Ikebukuro are populous areas / **where there are well-established café cultures**.
6. However, / this is **where we need to think about the customer turnover** / of each location.

[語注]
1 leave off ~ 〜をやめる、中止する **2** figure out 〜を考える **3** narrow A down to B AをBにまで絞り込む　option 图 選択肢 **4** focus 图 焦点、集中すべきこと　pros and cons 賛否、良い点と悪い点 **5** populous 形 人口の多い　well-established 形 根付いた **6** customer turnover 顧客回転率

POD手順
□ チャンク音読　→　□ ノーマル音読　→　□ ささやき音読　→　□ 和訳音読　→
□ 感情音読　→　□ タイムアタック音読

語数84　タイムアタック音読

目安　140WPM:8回　180WPM:10.5回　200WPM:12回

あなたの記録　1回目＿＿＿＿＿　2回目＿＿＿＿＿　3回目＿＿＿＿＿

1. さて、前回の続きから始めましょう。
2. 前回の会議では、4つ目の店舗をどこにオープンするべきかを検討していたんですよね、
3. で、ご承知の通り、候補地を2つに絞り込んだわけです。
4. 今日のわれわれの課題は、それぞれの候補地のプラス面とマイナス面を明らかにすることです。
5. 巣鴨も池袋も人口が多いエリアで、カフェ文化が根付いています。
6. しかし、ここで考慮すべきなのが、それぞれの地域の顧客回転率です。

PODポイント

ビジネス調の例文を音読してみましょう。会議の冒頭のアナウンスです。有能なビジネスパーソン風に、はきはきと読んでみてください。関係副詞の where は場所を指すだけではなく、case（場合）、situation（状況）、point（点）などを指すこともできます。例えば **1** は「前回中断した時点」を where で表していますね。広く使えるし、情報を付け足すときに便利なので、会話でも積極的に使ってみてください。**4** の what 節も塊を意識して読むようにしてくださいね。

実践編

UNIT 1 03 「the way S V」で あこがれの人を語る

1. I like **the way she acts** / toward other people.
2. It shows me / **the way I should be as a person**.
3. For example, / I like **the way she treats others** / with such respect, / regardless of their status.
4. **The way she smiles** / and **the way she listens carefully** / makes everyone feel valued.
5. So, / I've been trying hard to behave / **the way she does**.
6. I mean, / she shows me / what it's like to truly care about others.

[語注]
2 as a person 人として　**3 treat** 動 〜を扱う　**with respect** 敬意をもって　**status** 名 地位　**4 make O V** O（目的語）にV（動詞）させる　**feel valued** 大事にされていると感じる　**5 try hard** 努力する　**6 truly** 副 本当に、真に

POD手順
□ チャンク音読　→　□ ノーマル音読　→　□ ささやき音読　→　□ 和訳音読　→
□ 感情音読　→　□ タイムアタック音読

語数74　タイムアタック音読

目安　140WPM:9.5回　180WPM:12回　200WPM:13.5回

あなたの記録　1回目＿＿＿＿＿　2回目＿＿＿＿＿　3回目＿＿＿＿＿

1 私、彼女の人への接し方が好きなんです。
2 人としてどうあるべきか、教えてくれるからです。
3 例えば、その人の地位に関係なく誰にでも丁寧に接するところが好き。
4 彼女にほほ笑みかけられて、じっくり耳を傾けてもらうと、誰もが自分は大事にされていると感じます。
5 だから私も彼女のようにふるまおうと努力しています。
6 そう、彼女は、本当の思いやりとはどういうものなのかを私に教えてくれるんです。

PODポイント

あこがれの人について熱っぽく語る例文です。the way S V で「S（主語）が V（動詞）する様子、S の V の仕方」です。このまとまりを意識して読んでみましょう。**4** の主語は The way she smiles と the way she listens carefully という 2 つの節です。動詞は使役動詞の make です。make O（目的語）V（動詞）で「O に V させる」という意味ですが、この文のように主語が無生物の場合は、「S によって O は V する」と訳すと収まりがよくなる場合があります。例：His words made me almost cry.（彼の言葉を聞いて私は泣きそうになった）

実践編

UNIT 1 — 04

「I wonder if S V」で心配事をつぶやく

1. **I wonder** / **if I locked the door**.
2. **I wonder** / **if I turned off the air conditioner**.
3. **I wonder** / **if I took in my laundry**.
4. Do I have / everything I need for today?
5. Oops, / I've forgotten to bring my umbrella.
6. I hope / it won't rain.
7. **I wonder** / **if he'll like the way I'm dressed**.
8. **I wonder** / **how he feels about me**.
9. Oh, / I get so nervous / whenever I go out on a date,
10. especially / if it's the first one.

[語注]
1 lock 動 〜に鍵を掛ける　**2 turn off** 〜のスイッチを切る　**3 laundry** 名 洗濯物　**9 nervous** 形 緊張した、ドキドキする　**whenever** 接 〜のときはいつでも　**10 especially** 副 特に

POD手順
☐ チャンク音読　→　☐ ノーマル音読　→　☐ ささやき音読　→　☐ 和訳音読　→
☐ 感情音読　→　☐ タイムアタック音読

語数78　タイムアタック音読

目安　140WPM:9回　180WPM:11.5回　200WPM:13回

あなたの記録　1回目_____　2回目_____　3回目_____

1　ドアに鍵、掛けたっけ。

2　エアコン、消したっけ。

3　洗濯物、入れたっけ。

4　今日必要なもの、全部持ってるかな？

5　あっ、傘を忘れちゃった。

6　雨が降らないといいけど。

7　彼、私のかっこう、気に入ってくれるかな。

8　私のことどう思ってるんだろう？

9　ああ、デートっていつもすごく緊張しちゃう、

10　特に初めてのデートはね。

PODポイント

初デートに出掛けるときの不安なドキドキ感を例文にしてみました。男性は **7** と **8** の he を she にして POD してみてくださいね。I wonder if S V で「S（主語）は V（動詞）かなあ」という軽い疑問を表します。I wonder の後ろには、if のほか疑問詞（5W1H）も入ります（**8** の I wonder how S V がその例）。if や疑問詞以降は塊で言えるように口慣らししておきましょう。**9** の whenever S V（S が V するときはいつも）も塊でとらえましょう。**10** の one は前文の date のこと。英語は同じ表現の繰り返しを嫌うので、代名詞 one で言い換えているわけですね。

実践編

UNIT 1 05 「what S V」の塊で 国の経済政策を語る

1. I don't think our top economic priority should be/ helping a tiny number of Americans / **who are already doing extraordinarily well**, / and asking everybody else to foot the bill.
2. I think our top priority should be / helping everybody / **who works hard** / get ahead.
3. This country does best / **when everyone gets their fair shot**, / everyone does their fair share, / and everyone plays by the same set of rules.
4. That's **what Middle-class Economics is all about**,
5. and / as long as I'm your President, / that's **what I'll keep on fighting to do**.

——President Barack Obama, March 28, 2015

[語注]
1 top priority 最優先事項 **a tiny number of ~** ごく少数の~ **extraordinarily** 副 並はずれて **foot the bill** 勘定を払う **2 get ahead** 出世する、成功する **3 get one's fair shot** 公平な機会を得る **do one's fair share** 公平に義務を果たす **play by the rules** ルールに従って行動する **4 Middle-class Economics** 「中間層重視の経済」 **5 as long as ~** ~である限り

POD手順
☐ チャンク音読 → ☐ ノーマル音読 → ☐ ささやき音読 → ☐ 和訳音読 →
☐ 感情音読 → ☐ タイムアタック音読

語数89　タイムアタック音読

目安　140WPM:8回　　180WPM:10回　　200WPM:11回

あなたの記録　1回目＿＿＿＿＿＿　2回目＿＿＿＿＿＿　3回目＿＿＿＿＿＿

1. わが国が最優先すべき経済課題は、すでにとてもうまくやっているごく少数のアメリカ人を助けて、ほかの人にそのツケを回すことではないと思います。
2. 最優先すべきは、一生懸命働く人の成功を支援することであるはずです。
3. この国が最もうまく機能するのは、誰もが公平な機会を得て、公平に義務を果たし、同じルールの下で行動するときです。
4. それこそが「中間層重視の経済」であり、
5. 大統領職にある限り、私はその実現を目指して戦い続けます。

PODポイント

この例文はオバマ大統領の Your Weekly Address という週1のビデオ演説からの引用です。大国のリーダーらしく、堂々と音読してみてください。関係詞があちこちに使われていることがおわかりになるでしょう。**2** は help O（目的語）V（動詞）という形で、「OがVするのを助ける」という意味になります。**3** の when 節の中身は、下線部の3カ所です。つまり、when A, B, and C で「Aのとき、Bのとき、そしてCのとき」と列挙しているわけです。AとBの終わりはやや尻上がりか平板に、Cは尻下がりに読むのがお決まりのパターンです。

実践編

UNIT 1 06 , whichで ディナーの顛末を話す

1. The other day, / I went to Crabby's, / **where** you can have the best crab cuisine,
2. **which** is definitely my favorite food / on this planet.
3. I actually went there with my girlfriend, / **who** works as a model / and so / she has to watch what she eats,
4. **which** is exactly why I chose to go there.
5. You know, / because crab meat is low in calories.
6. It was there / that I learned / she's allergic to shellfish,
7. **which** started after she had grown up.
8. So we ended up ordering a chicken salad, / **which** luckily was also good.

[語注]
1 crab 名 カニ　**cuisine** 名 料理　**2 definitely** 副 間違いなく、絶対　**3 watch** 動 〜に注意する　**6 allergic** 形 アレルギーがある　**shellfish** 名 甲殻類、貝　**8 end up -ing** 結局〜する、〜することになる　**luckily** 副 運良く、幸い

POD手順
☐ チャンク音読　→　☐ ノーマル音読　→　☐ ささやき音読　→　☐ 和訳音読　→
☐ 感情音読　→　☐ タイムアタック音読

語数93　タイムアタック音読

目安　140WPM:7.5回　180WPM:9.5回　200WPM:11回

あなたの記録　1回目＿＿＿＿　2回目＿＿＿＿　3回目＿＿＿＿

1. この前、クラビーズに行ったんだよね、おいしいカニ料理が食べられる店でさ、
2. カニって、僕がこの世で一番好きな食べ物なんだよね。
3. 実は彼女と行ったんだけど、彼女、モデルをやっててさ、食事に気をつけないといけないんだ、
4. だからその店を選んだわけ。
5. ほら、カニってカロリーが低いから。
6. 店に着いてわかったんだけど、彼女、甲殻類アレルギーだった、
7. 大人になってから発症したんだって。
8. で、結局チキンサラダを頼むことになっちゃった。それも幸いなことにおいしかったんだけどね。

PODポイント

若者のおしゃべりといった感じの例文。「,（カンマ）which、who、where、when」は受験英語で「非制限用法」と呼ばれていますが、難しく考える必要はありません。話しながら「ここで情報を追加したいな」と思ったときに、気軽に使ってみてください。例えば **1** では Crabby's という店に関する補足情報を「, where」で追加しています。**2** の冒頭では crab cuisine（カニ料理）に関する補足情報を「, which」で加えています。「その〜っていうのはさ、」「ちなみに、」くらいの感覚ですね。

実践編

UNIT 1 07 状況を表すitで 休日のプランを語る

1. **It's** getting warmer and warmer, / which tells me / **it's** already spring.
2. **It's** Sunday today, / which is my favorite day of the week.
3. Let's look in the newspaper / and see / what the weather will be like.
4. Great! / It says / **it'll** be sunny today.
5. **It's** a shame / to stay inside.
6. **It's** already 10 a.m.
7. I'd better get ready / to go out somewhere.
8. Ah, / before I do that, / I need to do my laundry / as **it'll** be rainy for a while / from tomorrow.

[語注]
5 it's a shame ~　～なのは残念だ、もったいない　**8** do one's laundry　洗濯をする　from tomorrow　明日から

POD手順
☐ チャンク音読　→　☐ ノーマル音読　→　☐ ささやき音読　→　☐ 和訳音読　→
☐ 感情音読　→　☐ タイムアタック音読

語数80　タイムアタック音読

目安　140WPM:9回　180WPM:11回　200WPM:12.5回

あなたの記録　1回目_____　2回目_____　3回目_____

1. だんだん暖かくなってきた、もう春なんだなあ。
2. 今日は日曜日、1週間で一番好きな日。
3. 新聞で天気予報を見てみようっと。
4. 良かった！　今日は晴れだって。
5. 家の中にいるのはもったいないな。
6. もう10時だわ。
7. 準備をしてどこかに出掛けなきゃ。
8. あ、その前に洗濯しなきゃね、明日からしばらく雨だから。

PODポイント

気持ちよく晴れた休日の朝。ウキウキした感じでPODしてみてくださいね。さて、日本語では主語が省略されることがよくあります。例えば1の「暖かくなってきた」や、6の「もう10時だ」などは、わざわざ「気候が」とか「時間は」のような主語は言わないのが普通ですよね。でも英語は必ず主語が必要な言語。こういう日本語を訳すときには、例文のようにitを主語にしてみるとうまくはまることが多いです。このitは「状況のit」と言って、「時・日付」「天候・明暗」「距離」などを表します。日本語→英語の変換で主語に迷ったときはとりあえずitで始めてみる、というコツを覚えておいてください。

実践編

UNIT 1 08 it's not that~で グズグズ癖を言い訳

1. **It's** not that / I'm not taking the task seriously.
2. **It's** not that / I'm a lazy person.
3. **It's** just that / I don't feel like doing it / right now.
4. People say that / **it's** not good / to put things off until the last minute.
5. But / that's when I do my best.
6. **It's** like / I'm a diamond;
7. I shine / under pressure.
8. For me, / **it** doesn't matter when I do it / as long as it gets done.

[語注]
1 task 名 仕事　**seriously** 副 真剣に　**2 lazy** 形 怠惰な　**3 feel like -ing** 〜したい気分だ　**4 put 〜 off** 〜を延期する、先延ばしにする　**until the last minute** ギリギリまで　**5 do one's best** 力を出し切る　**7 shine** 動 輝く　**under pressure** プレッシャーを受けて、圧力の下で　※ダイヤモンドは炭素に圧力がかかることでできる。**8 it doesn't matter ...** …は関係ない、問題ではない　**as long as ...** …である限りは

POD手順
☐ チャンク音読　→　☐ ノーマル音読　→　☐ ささやき音読　→　☐ 和訳音読　→　☐ 感情音読　→　☐ タイムアタック音読

語数72　タイムアタック音読

目安　140WPM:9.5回　180WPM:12.5回　200WPM:14回

あなたの記録　1回目 _____　2回目 _____　3回目 _____

1. この仕事を真剣に受け止めてないわけじゃない。
2. 怠け者ってわけでもない。
3. ただ、今はやりたい気分じゃないってだけなんだ。
4. ギリギリまで先延ばしにするのは良くないって言うよね。
5. でも、僕はギリギリになると一番力が出るんだ。
6. ダイヤモンドみたいなものでさ、
7. プレッシャー（圧力）がかかると輝くわけよ。
8. 僕としては、いつやるかは問題じゃないんだ、やれればいいんだから。

PODポイント

やるべきことをつい後回しにしてしまうこと、ありますよね。そういうときのダルさとある種の開き直りを、音読しながら感じてみてください。**1**、**2** の It's not that ... は「…というわけではない」で、... には主語・動詞の文が入ります。この it も「状況の it」です。一方、**4** と **8** の it は「形式主語」です。例えば **4** は To put things off until the last minute is not good. とも言えるのですが、これでは主語（To から minute まで）が長すぎてバランスが悪いですよね。だから、とりあえず主語の部分に it を置いておいて、本来主語になるべき内容を後ろに回すのです。私たちが英語を話すときにもこれは便利です。It で始めて時間を稼いでおいて、「何が」の部分は後でゆっくり話せばいいからです。

実践編

UNIT 1 / 09 無生物主語で 患者さんを診察する

1. Hi, / Ms. Jones. / Please have a seat.
2. So, / **what brought** you to our clinic / today?
3. ... Oh, / I see that **swallowing makes** your throat hurt.
4. Well, / **this X-ray shows** / the cause of the pain.
5. Can you see the little white thing / here?
6. It's a fish bone, / and / it seems to be stuck / in the back of your throat.
7. **Our special pair of long tweezers can grab** it.
8. It should come out / in no time.
9. ... Ah, there you go!
10. **This medicine will reduce** the inflammation / in your throat.

[語注]
2 clinic 名 医院　**3** swallow 動 飲み込む　throat 名 喉　hurt 動 痛む　**4** X-ray 名 レントゲン（写真）　cause 名 原因　**6** be stuck 引っ掛かっている　in the back of ~ ~の奥に　**7** (a) pair of ~ ※ピンセットやはさみなど、対になるパーツで構成されるものを数えるときに使う。tweezers 名 ピンセット ※必ず複数形。grab 動 つかむ　**8** come out 取れる　in no time あっという間に　**10** reduce 動 減らす、弱める　inflammation 名 炎症、腫れ

POD手順

☐ チャンク音読 → ☐ ノーマル音読 → ☐ ささやき音読 → ☐ 和訳音読 →
☐ 感情音読 → ☐ タイムアタック音読

語数86　タイムアタック音読

目安　140WPM：8回　　180WPM：10.5回　　200WPM：11.5回

あなたの記録　1回目＿＿＿＿＿　2回目＿＿＿＿＿　3回目＿＿＿＿＿

1. こんにちは、ジョーンズさん。どうぞお掛けになってください。
2. それで、今日はなぜ当院へ来られたのですか。
3. ……ああ、なるほど、飲み込むときに喉が痛むのですね。
4. ええと、このレントゲン写真を見ると痛みの原因がわかりますよ。
5. ここの、白い小さなものが見えますか？
6. 魚の骨です、喉の奥に刺さっているようですね。
7. この特殊な長いピンセットでつまみ取れますよ。
8. あっという間に取れると思います。
9. ……ほら、取れました！
10. このお薬を飲めば喉の腫れが引きますよ。

PODポイント

医師の診察の様子をイメージした例文です。頼もしさと温かさを感じさせる調子で読んでみてくださいね。注目してほしいのは無生物主語の文です。英語では Coffee wakes me up.（コーヒーが私の目を覚ます＝コーヒーを飲むと目が覚める）のように、生物でないモノが何らかの意志を持って働きかけているような表現をよくします。日本語の発想ではなかなか出てこないので、意識して使ってみてください。**2** は疑問詞の what が主語になっています。Why did you come ...? と言うと「なんで来た？」と詰問する感じになりますが、What brought you ...? と言うと響きが柔らかくなります。

UNIT 1 — 10　one、you、they、weで教訓を述べる

1. **They** say / you should never judge a book / by its cover.
2. This means / **one** should never prejudge the worth of something or someone / by outward appearance.
3. For example, / **we** tend to think of people who dress well / as more intelligent,
4. but perhaps / they just spend all their time, energy and money / on clothes.
5. When **you** get to know them, / they might have nothing to say!
6. People say / **you** should try not to fall in love quickly / just because someone is cute.
7. When **you** have only seen the surface, / **you** cannot know / what is truly on the inside.

[語注]
1 judge 動 判断する　**2 prejudge** 動 早まって判断する　**worth** 名 価値　**outward** 形 外見上の、うわべの　**appearance** 名 見た目　**3 tend to ~** 〜しがちである、つい〜してしまう　**dress well** 着飾る、いい服を着る　**intelligent** 形 知的な　**5 get to know** 知り合う、深く知る　**have nothing to say** 言うべきことがない　**6 cute** 形 かわいい、かっこいい　**7 surface** 名 表面　**on the inside** 内側に、内心では

POD手順
☐ チャンク音読　→　☐ ノーマル音読　→　☐ ささやき音読　→　☐ 和訳音読　→　☐ 感情音読　→　☐ タイムアタック音読

語数97　タイムアタック音読

目安　140WPM:7回　180WPM:9回　200WPM:10回

あなたの記録　1回目＿＿＿＿　2回目＿＿＿＿　3回目＿＿＿＿

1. 本をカバーで判断してはいけないって言うよね。
2. これは、物や人の価値をうわべだけで早まって判断しちゃいけないってこと。
3. 例えば、いい服を着た人は知的だと思いがちだけど、
4. その人たちは時間もエネルギーもお金もみんな服に費やしているだけかもしれない。
5. 深く知ってみたら、会話が全然できない人だったりして！
6. ルックスがいいってだけで、すぐに好きになっちゃだめって言うよね。
7. 表面だけを見ているうちは、本当の中身を知ることなんてできないから。

PODポイント

ちょっとお説教っぽい感じの例文。誰かに言い聞かせるように、キビキビとした感じで読んでみましょう。one、you、they、we は総称人称といって、「一般の人」を指す名詞です。総称人称は主語がない日本語の文を英訳するときに力を発揮します。例えば「カフェインって体に悪いって言うよね」という日本語の文には「誰が」を表す主語はありません。でも、文意としては「特定の誰かがそう言っている」ということではなく「世の中的には〜と言われている」ということなので、これを英語にするときは、総称の they を主語に立て、They say caffeine is bad for you. と訳すわけです。

UNIT 1 - 11 知覚動詞で目に映る情景を描写

1. I **see** a train / coming into the platform.
2. I **hear** the wheels / squeak.
3. I see the crowd of people / flooding out of the train.
4. I **notice** how most of them look tired.
5. Stepping onto the train, / I **see** all the passengers / staring at their smartphones.
6. I **hear** somebody's phone / beeping, / which fills the train / with a weird tension.
7. Looking out the window, / I **see** the scenery / passing very quickly.
8. It makes me feel like / the train is going backward.

[語注]
2 wheel 名 車輪　squeak 動 キーキーと音を立てる　**3** crowd of ~ 〜の一団、群衆　flood 動 氾濫する、あふれる　**5** passenger 名 乗客　stare at ~ 〜を凝視する　**6** beep 動 鳴る　weird 形 変な、奇妙な　**7** scenery 名 景色　**8** go backward 逆行する

POD手順
☐ チャンク音読　→　☐ ノーマル音読　→　☐ ささやき音読　→　☐ 和訳音読　→
☐ 感情音読　→　☐ タイムアタック音読

語数79　タイムアタック音読

目安　140wpm:9回　180wpm:11.5回　200wpm:12.5回

あなたの記録　1回目_____　2回目_____　3回目_____

1　電車がホームに入ってくるのが見える。
2　車輪がきしむ音が聞こえる。
3　たくさんの人が電車からどっと出てくる。
4　そのほとんどが疲れているようだ。
5　電車に乗ると、乗客全員がスマートフォンを凝視している。
6　誰かの電話が鳴って、車内の空気がちょっと緊張する。
7　窓の外を眺めると、景色がすごい速さで通り過ぎていく。
8　それで、電車が逆に走っているような感覚を覚える。

PODポイント

この例文のように動詞の現在形で自分の行動を描写すると、いま目の前で起きていることを実況中継のように解説しているような印象になります。知覚動詞がさらにライブ感を増しています。知覚動詞とは「人の感覚に関する動詞」で、例えばsee、hear、notice、smell、feelなどがあります。形は「知覚動詞＋名詞＋動詞の原形／現在分詞」になります（例：I hear somebody singing.［誰かが歌っているのが聞こえる］）。普段から目に映るものを英語で描写するくせをつけると、運用力がぐんとアップしますよ。口から出てこなかった表現は自宅に帰ったら必ず調べておきましょう。

UNIT 1 - 12 基本動詞makeで待つ身の不安をつぶやく

1. Haven't they **made** a decision / as to who won the song competition / yet?
2. How much longer / are they going to **make** me wait?
3. Oh, / this is **making** me so nervous!
4. I think / I'll **make** some coffee / to calm down.
5. It's no wonder / I **made** it to the finals ──
6. the song I **made** / sure / has a great beat.
7. It really **makes** you want to dance.
8. I just know / it's going to **make** me a star, / and / I'll **make** a fortune from it.
9. Well, / at least / it will prove to Mom and Dad / that I can actually **make** a living.

[語注]
1 make a decision 決定する、決心する **as to ~** ～について、～に関して **competition** 名大会、コンテスト **2 make ~ wait** ～を待たせる **3 nervous** 形落ち着かない、そわそわした **5 it's no wonder ...** …なのは不思議ではない、当然である **make it to ~** ～にたどり着く **final** 名決勝 **8 fortune** 名ひと財産 **9 prove to ~** ～に証明する **make a living** 生計を立てる

POD手順
☐ チャンク音読 → ☐ ノーマル音読 → ☐ ささやき音読 → ☐ 和訳音読 →
☐ 感情音読 → ☐ タイムアタック音読

> **語数98**　**タイムアタック音読**
> 　目安　140wpm:7回　180wpm:9回　200wpm:10回
>
> あなたの記録　1回目_____　2回目_____　3回目_____

1. 作曲コンテストの勝者はまだ決まらないのかな？
2. あとどれくらい待たされるんだろう。
3. ああもう、本当に緊張する！
4. コーヒーでも入れて落ち着こうかな。
5. 決勝まで来られたのは当たり前さ――
6. 僕の作った曲は間違いなく最高にビートがきいてる。
7. 絶対に踊りたくなる曲なんだ。
8. この曲でスターになるってことも、でっかく稼げるってことも僕にはわかってる。
9. まあ、少なくとも母さんと父さんに、僕が本当に音楽で食べていけるんだってことは証明できるだろう。

PODポイント

そわそわした気持ちを感じながらPODしましょう。100の難単語を覚えるより、10の基本動詞を使いこなせるようになることが、流ちょうな英語への近道です。makeもそんな基本動詞の1つで、「創造する」(**6**)、「する、行う」(**1**)、「料理する」(**4**)、「～な状態にする」(**3**、**8**)、「～させる」(**2**、**7**)、「(make itで)成功する」(**5**)、「稼ぐ」(**8**、**9**)などさまざまな意味があります。句動詞やイディオムもたくさんありますが、まずはメジャーな用例に絞ってPODしましょう。

実践編

UNIT 1 - 13 基本動詞doで 子どもに家事を頼む

1. Honey, / I need you to **do** me a favor / while I'm gone.
2. Will you **do** the laundry?
3. Your school uniform is dirty / and so are all your T-shirts.
4. They **do** need to be washed / separately.
5. Adding some bleach will **do** the trick / with your white T-shirts.
6. And / I'd appreciate it / if you'd **do** the lunch dishes, / too.
7. Oh, / and can you **do** the salad / for tonight's dinner?
8. Oh, / it's already 2 p.m. / —— I have to **do** my face and hair.

[語注]
1 honey 图 ねえ、あなた ※配偶者や子どもへの呼び掛け。do ~ a favor 〜の頼みを聞く **2** do the laundry 洗濯をする **3** uniform 图 制服 **4** separately 副 分けて **5** bleach 图 漂白剤 do the trick うまくいく、効き目がある **6** do the dishes 洗い物をする **7** do the salad サラダを作る **8** do one's face and hair 化粧と髪のセットをする

POD手順
☐ チャンク音読 → ☐ ノーマル音読 → ☐ ささやき音読 → ☐ 和訳音読 →
☐ 感情音読 → ☐ タイムアタック音読

語数80　タイムアタック音読

目安　140WPM:9回　180WPM:11回　200WPM:12.5回

あなたの記録　1回目＿＿＿＿　2回目＿＿＿＿　3回目＿＿＿＿

1. ねえ、私が出掛けている間にやってほしいことがあるの。
2. 洗濯しておいてくれる？
3. あなたの制服が汚れているのよ、Tシャツも全部ね。
4. 絶対に分けて洗わなきゃダメよ。
5. 白いTシャツは漂白剤を足すときれいになるわよ。
6. ああ、それからお昼ごはんのお皿も洗っておいてくれるとありがたいわ。
7. あ、あと晩ごはんのサラダも作ってくれる？
8. やだ、もう2時だわ——お化粧して髪をセットしなきゃ。

PODポイント

出掛ける間際に有無を言わさず子どもに次々と家事を頼むお母さん、という設定の例文です。do は、洗濯（**2**）、皿洗い（**6**）、料理（**7**）、化粧や整髪（**8**）など、家事や身の回りの用事についてよく使われる基本動詞です。**4** の do は助動詞で、よく「強調の do」と呼ばれているものです。この文では、They need to be washed separately. の動詞 need の前に do を置くことで「絶対に〜、本当に〜」という意味が加わっています。この do は Unit 1-01 の1行目でも使われています（I do understand ...）。do が前に来ると、元の動詞の形は主語によらず原形になりますが、do の形は主語に合わせます。例：She does know how to sing.（彼女は本当に歌がうまい）

実践編

UNIT 1 - 14 基本動詞getで
残業のぐちをこぼす

1. Oh, / it's **getting** really late!
2. We have to **get** this project done / more quickly
3. or / we won't **get** home / till midnight.
4. I don't **get** it.
5. Why is it always us / who **get** the short end of the stick?
6. I'm trying hard / not to **get** upset, / but …
7. I haven't been **getting** enough sleep,
8. and / I guess / it's now really **getting to** me.
9. Shall we **get** ourselves some coffee / from the place across the street?
10. I'll **get** the bill / this time.
11. My turn to treat you!

[語注]
2 get ~ done ～を終わらせる、仕上げる **3 get home** 帰宅する **till** 前～まで ※=until **midnight** 名深夜0時 **4 get it** わかる **5 get the short end of the stick** 損な役回りになる、貧乏くじを引く **6 get upset** 怒る、うろたえる **8 get to ~** ～を苦しめる、いらいらさせる **9 place** 名店 **11 treat** 動～にごちそうする、おごる

POD手順
□ チャンク音読 → □ ノーマル音読 → □ ささやき音読 → □ 和訳音読 →
□ 感情音読 → □ タイムアタック音読

語数84　タイムアタック音読

目安　140wpm:8回　180wpm:10.5回　200wpm:12回

あなたの記録　1回目_____　2回目_____　3回目_____

1　ああ、もう夜も更けてきた！
2　このプロジェクト、もっと早くやってしまわないと、
3　今日中に家に帰れないよ。
4　納得いかないよなあ。
5　なんでいつも僕たちばっかり貧乏くじ引かされるんだろ？
6　腹立たしいのを必死でこらえてるんだけどさ……
7　最近あんまり眠れてなくて、
8　それが本当にこたえ始めてるんだよね。
9　向かいのお店でコーヒーでも買ってこようか？
10　お勘定は任せて。
11　僕がおごる番だから！

PODポイント

深夜残業のぐちがテーマ。怒りや悲しみといったネガティブな感情は強烈なので、それを味わいながらPODすると記憶が強固になります。さて、getも広く使える動詞で、中心的な意味は、「手に入れる・得る」（**5**、**7**、**9**）、「〜の状態になる」（**1**、**2**、**3**、**6**）、「理解する」（**4**）などです。いずれもちょっと口語的な響きがあります。中でも便利なのが「〜の状態になる」を表すget＋形容詞。例えば、I got drunk.（酔っぱらっちゃった）、I'm getting tired.（疲れてきちゃった）、You're getting better.（君、だんだん良くなってきているよ）、It's getting windy.（風が強くなってきた）など、人にも状況にも使えます。

実践編

UNIT 1 - 15 基本動詞workで 同僚のヘルプ要請を断る

1. So / you've got a problem / with your computer ...
2. The sound isn't **working**. / I see.
3. Look, / I really want to help you,
4. but / I'm **working on** the ad proposal / for Pell's latest product campaign / and / it's due today.
5. I'm trying to **work** their slogan / **into** the ad,
6. but / I'm not having any luck.
7. Everyone wants to **work with** that new agency / now,
8. so / I have to **work really hard** / to get the contract.
9. Just try rebooting it / — that sometimes **works**.

[語注]
4 work on ~ ～に取り組む　**ad** 名 広告 ※=advertisement　**proposal** 名 提案書、企画書　**latest** 形 最新の　**due ~** 形 ～が期限の　**5 work A into B** AをBにうまく入れ込む　**6 not have any luck** うまくいかない　**8 contract** 名 契約　**9 reboot** 動 再起動する

POD手順
☐ チャンク音読　→　☐ ノーマル音読　→　☐ ささやき音読　→　☐ 和訳音読　→
☐ 感情音読　→　☐ タイムアタック音読

語数79　タイムアタック音読

目安　140WPM:9回　　180WPM:11.5回　　200WPM:12.5回

あなたの記録　1回目＿＿＿＿　2回目＿＿＿＿　3回目＿＿＿＿

1. つまりパソコンの調子が悪い、と……
2. 音が出ないわけね。なるほど。
3. ねえ、手伝いたいのは山々なのよ、
4. でも私、今、ペル社の新商品キャンペーン用の広告提案書を作っているところで、しかも今日が締めきりなの。
5. スローガンを広告にうまく入れ込もうとしているんだけど、
6. 全然うまくいかないのよね。
7. どの会社もあの新しい代理店と提携したがっているから
8. 契約を勝ち取るにはほんとに頑張らなくっちゃいけないの。
9. とにかく再起動してみたら？——それで直ることもあるから。

PODポイント

テンパっているときに同僚が急ぎでなさそうな頼みごとをしてきた……そんなイラっとする状況の例文。感情音読のお手本音声を参考に、怒りを爆発させてみてください。さて、work は「仕事をする、取り組む」（**4**、**7**、**8**）のほか、「正常に動作する」（**2**）、「機能する、効果をもたらす」（**9**）といった意味を持つ動詞。特に **4** の work on は「最近はどんな仕事してるの？」What are you currently working on?、「新しい本を執筆中なんだ」I'm working on my new book.、「発音改善に取り組まなきゃ」I have to work on my pronunciation. など、とても広く使えます。

実践編

Column 1
師、松本道弘先生のこと

　父の書棚で松本道弘先生の著書『私はこうして英語を学んだ』を見つけたのは 12 歳のときのことです。漢字が多く、当時の私には難しい本でしたが、気づけばその内容に引き込まれていました。先生はかつて 1000 人余りの候補者から選ばれて駐日アメリカ大使館専属の同時通訳者となった方です。何より私を勇気づけてくれたのは、先生がごく普通の日本の家庭に生まれ育ち、独学でそのレベルに達したということでした。何度も挫折しそうになりながらも通訳者への夢を手放さずにいられたのも、その事実があったからです。

　実際に松本先生にお会いしたのは、私が通訳者になって数年後の 2008 年のことでした。先生は、英語を通じて真の国際人を育成する「紘道館」という私塾を開いておられたので、その例会に参加すればもっと早く会うこともできたのですが、自分の英語が先生にどう評価されるか、あこがれの分だけ怖くもあって、先延ばしにしてしまったのです。

　意を決して初対面を果たしたとき、先生はすでに 70 歳近くになっておられましたが、その英語と同時通訳の技は想像以上に素晴らしいものでした。先生は私の英語を聞くと即座に「君は有段者だね」と言ってくださいました。「有段者」とは先生が提唱する「英語道」において、ネイティブスピーカーを相手に建設的な議論や交渉が行え、通訳もこなせるレベルを指します。それは、誰にほめられるよりうれしいことでした。

　その翌年、紘道館が主催する英語検定、ICEE（国際英語コミュニケーション能力検定）の名古屋大会にエントリーし、幸いなことに優勝することができました。ICEE はトーナメント形式で、ディベートや通訳、インタビューなどを通じ多面的な英語力を測る試験です。2012 年には全国大会でも優勝しました。実は、その大会を見学されていたある学習者の方に、「私を、英語を話せるようにしてほしい」と請われたことが、「パワー音読」を人に伝授するという、私の新たな活動のきっかけとなったのです。

Unit 2

会話に便利な文法・構文
時制、助動詞、仮定法、比較など、皆さんが受験勉強で学ぶ／学んだ英文法の会話への生かし方を知っていただくための例文です。

01 　習慣的な行為を表す現在形で朝のルーティンを語る
02 　過去形で楽しかった休日を振り返る
03 　used to ~でかつての自分を語る
04 　will / be going to ~でダイエットへの決意を語る
05 　I should / shouldn't have ~で昨晩のやけ酒を後悔
06 　I'd / wouldn't ~で 就職面接のアドバイス
07 　should / ought to / had betterで失恋した友人を励ます
08 　推測・可能性の助動詞で友人の恋を噂する
09 　推測・可能性の助動詞で友人の到着の遅れを心配する
10 　If ~の文で宝くじ当選を妄想する
11 　比較の表現で加齢を嘆く
12 　比較の表現で今の時代に感謝する
13 　使役動詞で"横暴"な親への不満を言う
14 　動詞＋動名詞で寒い朝の早起きを嘆く
15 　動詞＋動名詞／不定詞でパーティーでの出来事を語る

UNIT 2 / 01 習慣的な行為を表す現在形で
朝のルーティンを語る

1. Here's my morning routine.
2. I **wake up** to my cellphone buzzing / at 5 a.m.
3. I **jump out** of bed, / **wash** my face, / and **slip into** my work clothes.
4. And then / I **wash down** my breakfast / with a glass of milk.
5. After brushing my teeth, / I **prepare** my lunch box / as I **watch** the news on TV / and **check** my schedule on the phone.
6. Right before I **leave** my place, / I **go through** my bag / to make sure I have everything necessary,
7. and then I **step outside** / and lock the door.

[語注]
1 routine 名 ルーティン、日課 **2** cellphone 名 携帯電話 buzz 動 ブーンと言う、バイブ音を鳴らす **3** slip into ~ 〜に素早く滑り込む、〜を素早く着る **4** wash down ~ 〜を流し込む **6** my place 自宅 go through ~ 〜を調べる

POD手順
☐ チャンク音読 → ☐ ノーマル音読 → ☐ ささやき音読 → ☐ 和訳音読 →
☐ 感情音読 → ☐ タイムアタック音読

語数90　タイムアタック音読

目安　140WPM:8回　180WPM:10回　200WPM:11回

あなたの記録　1回目＿＿＿＿＿　2回目＿＿＿＿＿　3回目＿＿＿＿＿

1. 私の朝のルーティンはこんな感じ。
2. 午前5時に携帯のバイブ音で目を覚まします。
3. ベッドから飛び出て、顔を洗い、大急ぎで仕事用の服に着替えます。
4. それからコップ1杯の牛乳で朝ごはんを流し込みます。
5. 歯を磨いたら、テレビのニュースを見たり、携帯でその日のスケジュールをチェックしたりしながら、お弁当の準備をします。
6. 出掛ける直前にかばんをざっと見て、必要なものが入っているか確かめ、
7. それから外に出てドアに鍵を掛けます。

PODポイント

現在形は「現在の状態」「習慣的な行為」「普遍的な事実」を表します。この例文では毎朝習慣的に行っていることを現在形で表してみました。動詞が現在形にそろっていることを意識しながら POD してください。また、これをお手本にして自分の朝の習慣を英語にし、オリジナル例文を作ってみるのも勉強になります。**5** の as ... は「…をしながら、…する傍ら」という意味です。同時にやっている別の動作を表すときに、すごく便利な表現です。

UNIT 2 / 02 過去形で楽しかった休日を振り返る

1. The other day, / I **went** to the city / and **spent** most of the afternoon / just chatting with my friends in a cafe.
2. We **talked** about different things / including our relationships, work, and office politics.
3. It **was** interesting to hear / what they think about other people.
4. Before we **left**, / we **promised** to hang out again / sometime soon.
5. On the way back, / I **stopped** by / at an old bookstore.
6. There, / I **found** a book I **had been looking for**, / which **made** me happy.
7. It **was getting** dark, / and I **found** myself making plans / for the following weekend.

[語注]
1 chat with ~ ～とおしゃべりをする　**2** relationship 图 関係、恋愛関係　office politics 社内政治、職場での処世術　**4** promise to do ～することを約束する　hang out 遊ぶ、一緒に時を過ごす　sometime soon そのうち、近いうち　**7** find oneself -ing 気がつくと～している、～している自分に気づく　make plans for ~ ～の予定を立てる

POD手順
☐ チャンク音読　→　☐ ノーマル音読　→　☐ ささやき音読　→　☐ 和訳音読　→
☐ 感情音読　→　☐ タイムアタック音読

語数95　タイムアタック音読

目安　140wpm：7.5回　180wpm：9.5回　200wpm：10.5回

あなたの記録　1回目　　　　　　2回目　　　　　　3回目

1. 先日、街に出掛けて、午後中、友達とカフェでおしゃべりをして過ごしたんだ。
2. 恋愛のこととか、仕事のこととか、職場のしがらみとか、いろんなことを話してね。
3. みんながほかの人のことをどう思っているのか聞けて面白かった。
4. お店を出る前に、近々また会おうって約束したんだ。
5. 帰りに、昔からある本屋さんに寄った。
6. そこでずっと探していた本を見つけて、うれしかった。
7. もう暗くなってきていて、気がつけばもう次の週末に何をするか考え始めていた。

PODポイント

文法ミスを減らしたいなら、時制をできるだけシンプルに考える。例えば、過去を語るときには過去時制を使い続けるというようなことです。PODしておくと、いざ会話するときにもスムーズに出てきます。6の文は、「本屋に寄った」という過去の一時点より前から「ある本を探している」状態が続いていた、ということで、had been looking for という過去完了進行形が使われています。同じパターンの文を自分の体験を基に作って、PODしておくといいですよ。

UNIT 2 03　used to~で かつての自分を語る

1. **I used to** be painfully shy.
2. **I used to** have no confidence / whatsoever.
3. **I used to** feel / that I would never be able to talk to anyone new.
4. If I ever met someone / from another country / I'd never have the courage / to talk to them.
5. But then / I started practicing English / every day.
6. It's strange, / but as I improved / I became more confident.
7. I'd now look for chances / to speak to people in English.
8. If someone looked lost at the station, / I'd ask them / if they needed help.
9. Today, / I'm a happier person, / and it's all thanks to English!

[語注]
1 painfully 副ひどく　**2 confidence** 名自信　**whatsoever** 形（noを伴った名詞の後で）少しの〜もない　**4 courage** 名勇気　**6 improve** 動上達する　**confident** 形自信に満ちた

POD手順
□ チャンク音読　→　□ ノーマル音読　→　□ ささやき音読　→　□ 和訳音読　→
□ 感情音読　→　□ タイムアタック音読

語数99　タイムアタック音読

目安　140wpm:7回　180wpm:9回　200wpm:10回

あなたの記録　1回目＿＿＿＿　2回目＿＿＿＿　3回目＿＿＿＿

1. 私は、昔はすごく引っ込み思案でした。
2. 自分にまったく自信がなかったんです。
3. 知らない人と話すなんて絶対に無理だと思っていました。
4. だから、外国の人と出会っても、話し掛ける勇気がありませんでした。
5. でもそれから、英語を毎日練習するようになりました。
6. 不思議なことに、上達するにつれ、だんだん自信がついてきたんです。
7. 今では、英語で人と話す機会を自分から探すようになりました。
8. 駅で迷っていそうな人を見ると、お困りですかと声を掛けるようになったんです。
9. 今は前より幸せです。それもすべて英語のおかげなんです！

PODポイント

英語に限らず、何か熱中できることを見つけて、その道でだんだん成長することができると、自分に自信がついてきますよね。used to ~ は過去の習慣的な行動や状態を述べる表現で、「昔は~だった（けれど、今はそうではない）」という意味です。~ には動詞の原形が入ります。発音は「ユースタ」のように d の音が落ちることに気をつけてください。

UNIT 2 04　will / be going to~で ダイエットへの決意を語る

1. **I'm going** to stand on the scales.
2. Oh, no! / I've gained weight!
3. I guess / **I'll** have to lose a few pounds.
4. **I'll** get a great body / and / spend this summer on the beach.
5. Hey, / there's a cake in the fridge.
6. Who put that there?
7. ... No, / **I'm not going to** eat it.
8. ... But it's screaming, / "Eat me."
9. **I'm going to** have just a little bite.
10. Oh, / this is so good.
11. OK, / **I'll** start my diet / tomorrow.

[語注]
1 scale 名 体重計　**2** gain weight 体重が増える　**3** lose 動 ～を減らす　pound 名 ポンド ※約450グラム。　**5** fridge 名 冷蔵庫 ※口語。=refrigerator　**8** scream 動 叫ぶ　**9** bite 名 ひと口、ひとかじり ※口語。

POD手順
□ チャンク音読　→　□ ノーマル音読　→　□ ささやき音読　→　□ 和訳音読　→
□ 感情音読　→　□ タイムアタック音読

語数75　タイムアタック音読

目安　140WPM:9回　　180WPM:12回　　200WPM:13回

あなたの記録　1回目　　　　　　　2回目　　　　　　　3回目

1. 体重計に乗るぞ。
2. あ〜、やだ！　太っちゃった！
3. ちょっとやせなきゃいけないわね。
4. スタイル抜群になって今年の夏は海辺で過ごすんだ。
5. あら、冷蔵庫にケーキがあるじゃない。
6. 誰が入れたのよ？
7. ……いや、絶対に食べないからね。
8. ……でも「食べて〜」って叫んでる。
9. ほんのひと口だけ食べよう。
10. う〜ん、これ、すっごくおいしい。
11. よし、ダイエットは明日からにしよう。

PODポイント

I will 〜も I'm going to 〜も意志を表しますが、I will 〜が「〜しようと思う、〜するつもり」とその場で決めた計画・予定をぱっと口にしている感じなのに対し、I'm going to 〜は「すでにそうする方向で動き始めている」もしくは「前からそう心づもりしている」という感じがあります。この違いを頭に入れて例文を見てみると、この話し手がダイエットに成功するかどうかはちょっと怪しいところですね。普段から will、be going to が使われている文を意識的に POD して、ニュアンスごと脳に取り入れるようにしておくと、自然に使い分けられるようになりますよ。

実践編

UNIT 2 — 05   I should / shouldn't have ~で
昨晩のやけ酒を後悔

1. Ah, / I hate this horrible headache.
2. **I shouldn't have** drunk so much / last night.
3. And / **I should have** had some water / before I went to bed.
4. But / I was so unhappy about failing that exam / that I couldn't stop myself / from drinking.
5. I really **should have** studied harder.
6. Oh, my head!
7. I guess / I should take an aspirin / and try to get some more sleep.

[語注]
1 horrible 形 ひどい　**headache** 名 頭痛　**2 drink** 動 酒を飲む　**4 so A that B** あまりにAなのでBだ　**fail** 動 ～に失敗する、落ちる　**7 aspirin** 名 鎮痛剤、アスピリン　※本来は商標だが「鎮痛剤」の意味で使われる。

POD手順
☐ チャンク音読　→　☐ ノーマル音読　→　☐ ささやき音読　→　☐ 和訳音読　→
☐ 感情音読　→　☐ タイムアタック音読

語数65　タイムアタック音読

目安　140wpm:11回　180wpm:14回　200wpm:15.5回

あなたの記録　1回目_____　2回目_____　3回目_____

1. あ〜、ひっどい頭痛、最悪だ。
2. 昨日の晩、あんなに飲まなければよかった。
3. それに、寝る前に水を飲んでおくべきだったなぁ。
4. でも、試験に落ちてすごくがっかりしたもんだから、飲まずにはいられなかったんだ。
5. ほんとに、もっと勉強しておけばよかった。
6. ああ、頭が痛い！
7. 鎮痛剤を飲んで、もう少し寝た方がいいかもな。

PODポイント

飲みすぎた翌日の後悔はたいていの社会人が経験していますよね。ネガティブな心境のときこそ実はPODのチャンス。強烈な感情と英語がしっかりと結び付きます。この例文は「〜すれば／しなければよかった」という後悔を表すI should / shouldn't have + 過去分詞を集中的に取り上げています。**4**のI couldn't stop myself from 〜 は「〜せずにはいられなかった」という意味。これも衝動的な行動を後悔するときに大いに使えるフレーズです。

実践編

UNIT 2 06　I'd / wouldn't ~ で
就職面接のアドバイス

1. Do you want some advice / on what to wear / to the job interview?
2. Well, / if I were you, / **I wouldn't** wear a dark suit and tie.
3. It would probably make you look like / you're trying too hard.
4. You shouldn't make it / too obvious.
5. So, / **I'd say** / a shirt and a jacket will do.
6. For your shirt, / **I'd wear** a light color / because / it will lighten up your face.
7. **I'd imagine** / yellow or pink would look good on you.
8. Also, / **I'd advise** / getting a haircut.
9. Good luck!

[語注]
1 job interview　面接　**2** dark　形 暗い、濃い　**3** try too hard　力む、頑張りすぎる　**4** obvious　形 明らかな、見え見えの　**5** do　動 用が足りる、間に合う　**6** light　形 明るい　lighten up　照らす、明るく見せる　**7** look good on ~　〜に似合う

POD手順
☐ チャンク音読　→　☐ ノーマル音読　→　☐ ささやき音読　→　☐ 和訳音読　→
☐ 感情音読　→　☐ タイムアタック音読

語数86　タイムアタック音読

目安　140WPM：8回　　180WPM：10.5回　　200WPM：11.5回

あなたの記録　1回目_____　2回目_____　3回目_____

1. 面接に何を着ていくべきかアドバイスしようか？
2. そうだな、僕ならダークスーツとネクタイはやめておくな。
3. 頑張りすぎてる感じに見えるかもしれないからね。
4. そういうのは、あまり出しすぎない方がいいよ。
5. だから、シャツとジャケットでいいんじゃないかな。
6. シャツは、僕なら明るい色のものを着るね、顔が明るく見えるから。
7. 君には黄色とかピンクが似合うと思うよ。
8. それと、髪は切っておいた方がいいだろうね。
9. 頑張れよ！

PODポイント

就職面接を受ける若者へのアドバイス。お手本の感情音読音声は、ファッション評論家風ですね。さて、学校で習う基本的な仮定法の文では、**2** の if I were you（私がもしあなたなら）のような if 節が手前に来ますが、I'd ~（=I would ~）や I wouldn't ~ だけでも「私だったら〜する」という仮定を表せます。例えば **6** の I'd wear ~ はこれだけで「私なら〜を着る」という意味になります。**5** の I'd say ... は「私なら…と言うだろう」すなわち「…だと思う」ということで、自分の意見を柔らかく伝えるときによく使われます。

実践編

UNIT 2 / 07　should / ought to / had betterで失恋した友人を励ます

1. You **should** stop / thinking about him.
2. He's not a good man / and you know it.
3. You'**d better** find / somebody new.
4. You really don't have to stay at home / moping like this.
5. We **ought to** go out dancing / tonight!
6. You **should** put on / that new outfit of yours.
7. You'll find / there are plenty of fish in the sea!

[語注]
1 should 助動 〜するべきだ、〜した方がいい　**3 you'd better 〜**　〜するべきだ、〜しなければならない、〜した方がいい　※=you had better 〜　**4 mope** 動 ふさぎ込む、落ち込む　**5 ought to 〜**　〜するべきだ、〜しなければいけない　**7 there are plenty of fish in the sea**　海にはたくさん魚がいる、魅力的な相手はたくさんいる

POD手順
☐ チャンク音読　→　☐ ノーマル音読　→　☐ ささやき音読　→　☐ 和訳音読　→　☐ 感情音読　→　☐ タイムアタック音読

語数57　タイムアタック音読

目安　140WPM：12回　180WPM：16回　200WPM：17.5回

あなたの記録　1回目_____　2回目_____　3回目_____

1　彼のことを考えるのはもうやめなよ。
2　ろくな男じゃないってことはわかってるんでしょ。
3　新しい人を見つけるべきよ。
4　こんなふうに家でふさぎ込んでること、ないわ。
5　今夜は一緒に踊りに出掛けなきゃ！
6　あの新しい服を着るといいわよ。
7　世の中にはいい人がたくさんいるってことがわかるから！

PODポイント

should、ought to、had better は had better ＞ ought to ≧ should の順できつい忠告になります。中学校で、you had better ～（＝ you'd better ～）は「～した方がいい」だと習った方もおられると思いますが、実際は「～しないと困ったことになるぞ」という強い警告のニュアンスがあります。逆に should は「～べきだ」というより「～した方がいいと思う」という軽い感じで使われることが多いようです。ただ、この例文のように相手を心から思いやって忠告していることがはっきりわかる文脈では、had better を使ってもあまり問題にはなりません。

UNIT 2 / 08 推測・可能性の助動詞で 友人の恋を噂する

1. John **must** be / in love.
2. He's always smiling / these days.
3. It **could** be the girl / who just moved into his apartment building,
4. or / it **might** be his new co-worker.
5. Let's plan a dinner party.
6. He**'d** invite her to come / and / we**'d** find out / who she is.
7. He **would** likely be happy for us to meet her.
8. He **should** be at work / right now, / so / I'll call him / later.

[語注]
1 must 助動 ～に違いない　be in love 恋をしている　**3** could 助動 ～かもしれない　**4** might 助動 ～かもしれない　co-worker 名 同僚　**6** he'd ~ 彼は～するだろう　※=He would ~　**7** likely 副 たぶん、おそらく　**8** should 助動 ～だろう、～なはずだ

POD手順
☐ チャンク音読　→　☐ ノーマル音読　→　☐ ささやき音読　→　☐ 和訳音読　→　☐ 感情音読　→　☐ タイムアタック音読

語数68　タイムアタック音読

目安　140WPM:10回　180WPM:13回　200WPM:14.5回

あなたの記録　1回目　　　　　　　2回目　　　　　　　3回目

1. ジョンは絶対恋をしてるんだよ。
2. 最近、いつもにこにこしてるもん。
3. お相手はつい最近彼のアパートに引っ越してきた子かな、
4. 新しい仕事仲間かもしれないね。
5. ディナーパーティーを企画しようぜ。
6. あいつは彼女を連れてくるだろうから、それでどんな人かわかるだろう。
7. あいつもたぶん僕たちと彼女を喜んで引き合わせてくれるだろう。
8. 今は仕事中のはずだから、後で電話しよう。

PODポイント

ヤジ馬根性たっぷりで親友の新しい恋を噂している、という設定の例文。可能性や推測を表す助動詞はその人の感覚にもよりますが、確信度の高い順に will > must > would > ought to > should > can > may > might > could のような感じです。例えば **1** では、話し手は「ジョンは最近にこにこしている」という根拠から「彼は恋をしている」と強く確信しているので must を使っています。**3** の could や **4** の might は可能性としては半々くらいの感じで、「(もしかして) 〜かも」くらいの感覚です。ネイティブがどんな文脈でどんな助動詞を使っているか、普段から注意しておくといいですよ。

実践編

UNIT 2 09 推測・可能性の助動詞で 友人の到着の遅れを心配する

1. Yoko **must** be on the train / by now.
2. She **ought to** be here / by 7 p.m.,
3. so / I'd better get the meat out of the oven / now …

(An hour later)

4. Where is she?
5. The dinner's getting cold.
6. She **could** have taken the wrong train, / I suppose.
7. She **can't** be lost, / can she?
8. Oh, / she **must** have forgotten / I invited her over!

[語注]
1 by now 今頃は、もう **6** take the wrong train 間違った電車に乗る **7** be lost 迷う、迷子になる **8** invite ~ over ～を招く

POD手順
☐ チャンク音読 → ☐ ノーマル音読 → ☐ ささやき音読 → ☐ 和訳音読 →
☐ 感情音読 → ☐ タイムアタック音読

語数58　タイムアタック音読

目安　140wpm:12回　180wpm:15.5回　200wpm:17回

あなたの記録　1回目＿＿＿＿＿　2回目＿＿＿＿＿　3回目＿＿＿＿＿

1　洋子は今頃もう電車に乗ってるはずね。
2　7時には着くはずだから、
3　そろそろオーブンからお肉を出さないと……。
　（1時間後）
4　あの子、どこにいるんだろう？
5　ディナーが冷めちゃうわ。
6　もしかして、電車を間違えたのかもしれない。
7　道に迷ってるはずはないわよね？
8　ああ、きっと私が招待したことを忘れちゃったんだ！

PODポイント

夕食に友人を招いたのに、いつまでたっても現れないというシチュエーションの例文。心配といら立ちの混ざった調子で読んでみてください。可能性の助動詞を確信度の高い順に再掲すると、will > must > would > ought to > should > can > may > might > could です。**3** の I'd better ~（= I had better ~）は Unit 2-07 で見たように、他人の行動について使う場合は警告のニュアンスになりますが、自分の行動について使うときは「～しなきゃ」と自分自身を促すようなニュアンスになります。例：I'd better get going.（そろそろ行かなきゃ）

実践編

UNIT 2 10 If~の文で 宝くじ当選を妄想する

1. **If I won** 100 million yen,
2. **I'd pay off** the house loan / straightaway.
3. Then / **I'd give** some / to my sister / and some / to my brother.
4. Then / **I'd book up** a holiday.
5. And / **if I had** enough leftover / **I'd buy** a new car.
6. But then again, / **if I invested** it all / instead,
7. maybe / **I could give up** work!
8. Hmm, / **if I stopped** daydreaming
9. **I'd be** able to finish all this work / and go home.

[語注]
1 million 名 100万 **2 I'd** ※ =I would **pay off ~** ~を完済する **straightway** 副 一気に、速攻で **4 book up ~** ~を予約する **holiday** 名 休暇、休暇旅行 **5 leftover** 名 残り **6 but then again** でもよく考えてみれば、とはいうものの **invest** 動 投資する **instead** 副 代わりに **7 give up ~** ~を辞める **8 daydream** 動 空想にふける、白昼夢を見る

POD手順
☐ チャンク音読 → ☐ ノーマル音読 → ☐ ささやき音読 → ☐ 和訳音読 →
☐ 感情音読 → ☐ タイムアタック音読

語数73　タイムアタック音読

目安　140WPM:9.5回　180WPM:12回　200WPM:13.5回

あなたの記録　1回目＿＿＿＿＿　2回目＿＿＿＿＿　3回目＿＿＿＿＿

1. もし1億円当たったら、
2. 家のローンを一気に払うんだ。
3. それから、妹と弟にいくらか分けてあげる。
4. そして、バカンスの予約を入れるだろうな。
5. それで、もしお金が十分残ったら、新しい車を買うだろう。
6. でもよく考えてみれば、そうする代わりに全額投資に回したら、
7. 仕事を辞めてもいいかもしれない！
8. うーん、こうして空想にふけるのをやめれば、
9. この仕事も全部片づいて家に帰れるのになあ。

PODポイント

宝くじは買ってから当選発表までの「妄想できる期間」が楽しいですよね。せっかくならその妄想を仮定法過去で語ることで英語力を向上させましょう。仮定法過去は、今ある現実に反することや起こりそうもないことを「もし〜なら、…だろうに」と仮定するときの形です。基本パターンは「if ＋主語＋動詞の過去形, 主語＋ would/could/ might ＋動詞の原形」です（この例文では I would が I'd に省略されています）。夢のような光景を思い浮かべながら感情を込めて POD するとパターンがしっかり覚えられますよ。

実践編

UNIT 2 — 11 比較の表現で 加齢を嘆く

1. I'm not **as young** / **as** I once was.
2. It is taking me **longer** / **than** it used to / to get to the station,
3. and / I'm finding it **more and more** difficult / to climb all those stairs.
4. But / I'm **much more patient** / with my fellow passengers / **than** I used to be.
5. I am **less and less bothered** / when they push past me,
6. although / I find myself **more annoyed than ever** / when they try to get into the cars / before others get off.

[語注]
1 once 副 かつては、以前は　**4 patient** 形 がまん強い、寛大な　**fellow** 形 仲間の、同じ境遇の　**passenger** 名 乗客　**5 bother** 動 〜に嫌な思いをさせる、悩ませる　**push past 〜** 〜を押しのけていく　**6 annoy** 動 〜を悩ます、いら立たせる　**car** 名 車両

POD手順
☐ チャンク音読　→　☐ ノーマル音読　→　☐ ささやき音読　→　☐ 和訳音読　→
☐ 感情音読　→　☐ タイムアタック音読

語数80　タイムアタック音読

目安　140wpm:9回　180wpm:11回　200wpm:12.5回

あなたの記録　1回目_____　2回目_____　3回目_____

1　私ももう若くはないんだな。
2　こうして駅まで行くにも前より時間がかかるし、
3　階段を上がるのもだんだんしんどくなってきている。
4　でも、ほかの乗客に対しては、ずいぶん寛容になったわ。
5　押しのけられても、昔ほど腹も立たなくなってきているし、
6　ただ、人が降りる前に車両に乗り込もうとする人がいると、前よりいらいらするんだけどね。

PODポイント

ネイティブは頻繁に比較表現を使います。比較表現を使いこなせるようになると表現の幅がぐんと広がります。**1** X is as ~ as Y is は「XはYと同じくらい~」という同等を表す表現。ここではX is not as ~ as Y is と否定形なので、「XはYほど~ではない」という意味です。**3** more and more ~ で「どんどん~になる」。形容詞の前に挿入するだけでいいので便利ですね。**5** less and less ~ は more and more ~ の逆で「次第に~でなくなる」。more は使えても less は使いこなせないという方は多いので、この機会にぜひ less の文を PODでインストールしてみてください。

実践編

UNIT 2 12 比較の表現で
今の時代に感謝する

1. People are complaining / **more than ever**,
2. but actually, / these times are **much better** / **than** we generally realize.
3. We're spending **less and less** time / in the kitchen / cooking / thanks to microwave ovens.
4. We're eating **better** / **than** at any time in history / because of the variety of food available / along with the availability of refrigerators / to keep our food **fresher** / **than** ever.
5. Meanwhile, / the Internet helps us communicate / with our friends / **more easily** / **than** we ever could.
6. A long-distance telephone call used to cost / **as much as** I earned in a day!

[語注]
1 complain 動 文句を言う、不平を言う **2 times** 名 時代、年代 **3 microwave oven** 電子レンジ **4 eat better** 健康に良い食事をする、バランスの良い食事を取る **variety** 名 種類 **available** 形 手に入る、利用できる **6 long-distance** 形 長距離の

POD手順
☐ チャンク音読 → ☐ ノーマル音読 → ☐ ささやき音読 → ☐ 和訳音読 →
☐ 感情音読 → ☐ タイムアタック音読

語数90　タイムアタック音読

目安　140wpm:8回　180wpm:10回　200wpm:11回

あなたの記録　1回目_____　2回目_____　3回目_____

1　人間はどんどん贅沢(ぜいたく)になってきてるけど、

2　今の時代って私たちが思ってるよりずっといい時代なんだよね。

3　電子レンジのおかげで台所で料理する時間も減ったし、

4　古今を通じてこんなにいい食事ができていた時代はほかにない。いろんな食材が手に入るし、冷蔵庫で、食品を新鮮な状態で保存できるからなんだよね。

5　それに、ネットのおかげで友達と連絡を取ることも、以前よりずっと簡単になっている。

6　長距離電話なんて昔はお給料1日分のお金がかかっていたんだから！

PODポイント

比較表現の例文をもう1つPODしておきましょう。4 We're eating better than at any time in history は「歴史上のほかのいかなる時代においてよりも良い食事をしている」ということで、実質、「あらゆる時代の中で最も良い食事をしている」という最上級の意味になります。中学校の英語の授業で、よく比較級と最上級の文の書き換えをやらされましたよね。あのパズルみたいな作業のせいで、逆に比較級を使うのが苦手になってしまった方もいるのではないでしょうか。どちらか片方でいいので、言いたいことと連動してすっと出てくるようにトレーニングしておきましょう。

UNIT 2 - 13 使役動詞で "横暴"な親への不満を言う

1. My dad hates me.
2. He **has me do** my homework / as soon as I get home from school.
3. He is always asking me / to help with dinner.
4. Then / he **makes me set** the table.
5. And / he never **lets me go out** / after dinner.
6. He won't **let me stay up** late.
7. It bugs me / how he's always **making me clean** my room.
8. The worst thing is / he wants me to get a haircut!
9. I can't **get** him **to understand** / that long hair is cool on boys / these days.
10. Yep, / my dad hates me.

[語注]
1 hate 動 嫌う、憎む **2** as soon as ... …するとすぐに **3** help with ~ ~を手伝う **4** set the table 食卓を整える、テーブルに料理を並べる **5** go out 外出する **6** stay up 起きている **7** bug 動 ~をいらいらさせる、ムカつかせる **8** get a haircut 髪を切る **10** yep 間投 うん、そうだ ※=yes.

POD手順
☐ チャンク音読 → ☐ ノーマル音読 → ☐ ささやき音読 → ☐ 和訳音読 →
☐ 感情音読 → ☐ タイムアタック音読

語数92　タイムアタック音読

目安　140WPM:7.5回　180WPM:10回　200WPM:11回

あなたの記録　1回目＿＿＿＿　2回目＿＿＿＿　3回目＿＿＿＿

1. 父さんは僕が嫌いなんだ。
2. 家に帰るとすぐに宿題をやらされる。
3. いつも夕ごはんの手伝いを頼まれる。
4. それでテーブルの準備をさせられる。
5. しかも夕ごはんの後は絶対に外出させてくれない。
6. 夜ふかしもさせてくれない。
7. いつも部屋の掃除をさせられるのもムカつく。
8. 最悪なのは、僕に髪を切らせたがってること！
9. 男子の長髪は今はかっこいいものなんだって、どうしてもわかってもらえない。
10. やっぱり、父さんは僕が嫌いなんだ。

PODポイント

反抗期に入りかけている男の子になったつもりでPODしてください。この例文の中には、使役動詞をちりばめてみました。使役動詞とは「人に〜させる」ということを表す動詞で、make（人に強制的に〜させる）、let（人に〜することを許す）、have（人に〜してもらう、〜させる）があります。それぞれの意味合いの違いを例文の中で確認してくださいね。文の形は「使役動詞＋O（目的語）＋動詞の原形（原形不定詞）」です。getもhaveと同じく「人に〜してもらう」を表すことができますが、形は「get＋O＋to不定詞」になります（**9**参照）。

実践編

UNIT 2 — 14 動詞＋動名詞で
寒い朝の早起きを嘆く

1. I **hate getting up** / on these cold winter mornings.
2. I want to be able to sleep / some more,
3. but / my alarm has **started blasting** its annoying ring / to force me out of bed.
4. I don't **remember setting** it / to such an early hour.
5. I **try having** a cold shower / but it feels like torture.
6. What, / no coffee?
7. I **regret not picking** some **up** / at the store / last night.
8. Getting ready for the day / really / is hard work!

[語注]
3 blast 動 大きな音で鳴らす　**annoying** 形 うっとうしい　**force A out of B** AをBから無理に追い出す　**4 remember -ing** 〜したことを覚えている　※ remember to do は「忘れずに〜する」。**set A to B** AをBに設定する　**5 try -ing** 〜を試みる　※実際に行ったことを表す。try to do は「〜しようとする」。**torture** 名 拷問　**7 regret -ing** 〜したことを後悔する　※ regret to do は「残念ながら〜する、〜しなければならないことを残念に思う」。**pick 〜 up** 〜を買う

POD手順
☐ チャンク音読　→　☐ ノーマル音読　→　☐ ささやき音読　→　☐ 和訳音読　→
☐ 感情音読　→　☐ タイムアタック音読

語数77　タイムアタック音読

目安　140wpm:9回　180wpm:11.5回　200wpm:13回

あなたの記録　1回目＿＿＿＿　2回目＿＿＿＿　3回目＿＿＿＿

1　あ〜、冬の寒い朝に起きるのって本当に嫌。

2　もうちょっとだけ寝ていたい、

3　でも目覚ましがうるさい音で鳴り始めたら、ベッドから出ざるをえない。

4　こんな早い時間にセットしたなんて、覚えてないよ。

5　冷たいシャワーを浴びてみるけど、まるで拷問。

6　えっ、コーヒーがない？

7　昨日の晩に買っておかなかったのが痛恨だな。

8　一日の支度をするのって本当に大変！

PODポイント

寒々とした部屋の空気を想像しながら、気だるく読んでいただきたい例文です。動名詞(-ing)、不定詞（to＋動詞の原形）はどちらも動詞の目的語になることができます。ただ、動詞によって、①動名詞のみを目的語に取る、②不定詞のみを取る、③どちらも取ることができ、意味もほぼ変わらない、④どちらも取ることができるが、意味が大きく変わる、の4パターンに分かれます。この例文の中の動詞で言うと、hate（**1**）と start（**3**）が③、remember（**4**）、try（**5**）、regret（**7**）が④です（意味の違いについては語注を参照してください）。大学受験でもよく出題されるポイントです。

UNIT 2 — 15　動詞＋動名詞／不定詞で
パーティーでの出来事を語る

1. She **forgot inviting** me / to her party,
2. so / she looked surprised to see me / when she opened the door.
3. I'd **forgotten to take** my wine,
4. so / I went back to my apartment / to get it.
5. I saw a neighbor / on the way, / but / I **avoided talking** to her
6. because / I didn't know / if she had been invited.
7. I **managed to remember** my wine / this time,
8. but / I **forgot to lock** my door!
9. The party was great,
10. and / I **enjoyed drinking** and **chatting** / with all her guests.

[語注]
1 forget -ing 〜したことを忘れる　**3** forget to do 〜するのを忘れる、〜し忘れる　**5** neighbor 名 近所の人　on the way（道などの）途中で　avoid -ing 〜することを避ける　**7** manage to do なんとか〜する　**10** enjoy -ing 〜することを楽しむ　drink 動 お酒を飲む　chat 動 おしゃべりをする

POD手順
☐ チャンク音読　→　☐ ノーマル音読　→　☐ ささやき音読　→　☐ 和訳音読　→
☐ 感情音読　→　☐ タイムアタック音読

語数86　タイムアタック音読

目安　140wpm:8回　180wpm:10.5回　200wpm:11.5回

あなたの記録　1回目＿＿＿＿　2回目＿＿＿＿　3回目＿＿＿＿

1. 彼女は私をパーティーに呼んだことを忘れてたみたいで、
2. ドアを開けて私を見て、びっくりしたみたいでした。
3. ワインを持っていくのを忘れてしまったので
4. アパートに取りに帰ったの。
5. その途中で近所の人に会ったんだけど、話をするのは避けました、
6. 彼女も招待されているかどうかわからなかったから。
7. 今度はワインのことは忘れずにすんだけど、
8. ドアの鍵を掛け忘れちゃったんです！
9. パーティーは最高で、
10. ほかのゲストとお酒やおしゃべりを楽しみました。

PODポイント

この例文も動詞の目的語としての動名詞／不定詞を取り上げています。ちなみに感情音読のお手本は「刑事の聞き込みに答えるおしゃべりな主婦」という設定です。**1**、**3**、**8** の forget は、動名詞を目的語にした場合（**1**）は「〜したことを忘れる」、不定詞を目的語にした場合（**3**、**8**）は「〜するのを忘れる」です。**5** の avoid と **10** の enjoy は動名詞のみ、**7** の manage は不定詞のみを目的語にします。英文と和訳を繰り返しPOD して、正しい形を頭に染み込ませましょう。「その形でないと気持ち悪く感じる」くらいにするのが目標です。

Column 2
受験勉強にもPODを

パワー音読(POD)は受験勉強にも応用可能です。PODの素材選びの基本は「自分が感情移入しやすいシンプルな口語文を選ぶこと」ですが、例えばセンター試験の英語テストは筆記・リスニングともに会話文がたくさん出題されているのでPODに向いています。定型表現やコロケーションに関する問題は、その場でいくら考えても答えはわかりません。過去問の会話文をPODして頻出表現を暗記しておくと、かなり力になります。

文法問題対策にもPODは威力を発揮します。和訳音読とノーマル音読を交互に繰り返して日本語の意味と英文をつなぎ、タイムアタック音読で仕上げれば、「英文の正しい形」が頭にしっかり入ります。これを文法項目ごとに行うと、正しくない英文を見たときにふと違和感を覚えるようになるはず。このレベルに至れば、暗記した理屈をわざわざ頭から引っ張り出さずとも、自然に正解を選べるのです。

受験勉強でPODを行うタイミングは、勉強を始めるときがいいでしょう。これは「作業興奮」を起こすためです。作業興奮とは、どんなにやる気がわかない作業でも、手を付けられるところから始めてみると、だんだん気分が乗ってきて続けることができるという脳の作用です。POD自体は手順の決まった単純な作業ですから、机に向かう気力がわかないときも、とりあえず15分だけPODをしてみると、すっと勉強モードに入ることができます。PODで「やる気スイッチ」を入れるわけです。

受験勉強にPODをお勧めするもう1つの理由は、来るべき大学入試改革を見据えた準備ができることです。リスニングやリーディング中心だった大学入試の英語試験は、急速に進むグローバル化の波を受けて、大きく舵を切ろうとしています。そう遠くない未来に、スピーキング、ライティングを含めた4技能を評価する試験がスタンダードになるでしょう。その日に備え、中学・高校・予備校の授業にぜひPODを導入して、発信力強化の一助にしていただければと思っています。

Unit 3

会話に便利な単語・表現
頻度や程度の副詞、あいづち表現やつなぎ言葉、疑問文の作り方など、会話を円滑に進めるための単語やフレーズのニュアンスや用法を学んでいただくための例文です。

01	頻度を表す副詞で通勤スタイルを説明する
02	頻度を表す副詞で母親の思い出を語る
03	程度を表す副詞でミステリアスな廃屋を描写
04	程度を表す副詞で今昔の小学校を比較
05	順序の表現でおでんの作り方を説明する
06	順序の表現でトラブルの経緯を話す
07	あいづち表現を使って電話でおしゃべりする
08	つなぎ言葉で軽い浮気を告白する
09	疑問文で飼い猫を質問責めにする
10	カジュアルな依頼文で夕食の準備を手伝わせる
11	フォーマルな依頼文で部下に仕事を頼む
12	同意を示す表現で同僚の意見を支持する
13	不同意を表す表現で友人の意見に反対する
14	意見を述べる表現で連休に出掛けない理由を力説
15	意見を述べる表現で飲料水を買わない理由を力説

UNIT 3 / 01　頻度を表す副詞で
通勤スタイルを説明する

1. I'm a punctual person / and / I try to **never** be late / for work.
2. I **usually** drive / to the office.
3. I **hardly ever** take the train / because / it is **rarely** on time / and is **often** way too packed.
4. The roads are **frequently** crowded / as well,
5. but / at least / I am alone in the car.
6. **Sometimes** / I sing to myself / on the way.
7. **From time to time**, / I stop by Starbucks / to pick up a coffee.
8. I **usually** order a **Venti Iced Skinny Hazelnut Macchiato** / **with sugar-free syrup,** / but / the waiter **almost never** gets it right.

[語注]
1 punctual 形 時間を守る　**2** drive 動 車を運転する　**3** hardly ever めったに〜しない　rarely 副 めったに〜しない　on time 時間通りに　packed 形 満員の　**4** frequently 副 しばしば　crowded 形 混み合った　as well 〜もまた　**5** at least 少なくとも　**6** sing to oneself 歌を口ずさむ　**7** from time to time 時には　pick up 買う、拾う　**8** get 〜 right 〜をきちんと理解する

POD手順
☐ チャンク音読　→　☐ ノーマル音読　→　☐ ささやき音読　→　☐ 和訳音読　→
☐ 感情音読　→　☐ タイムアタック音読

語数94　タイムアタック音読

目安　140wpm:7.5回　180wpm:9.5回　200wpm:10.5回

あなたの記録　1回目＿＿＿＿　2回目＿＿＿＿　3回目＿＿＿＿

1 私は時間には正確な人間で、仕事には絶対に遅れないようにしています。
2 通勤はいつも車。
3 電車にはほとんど乗りません、めったに時間通りに動いてないし、よく混んでるから。
4 道路もよく混んではいるんだけど、
5 少なくとも車の中では一人でいられます。
6 時々、途中で歌を口ずさんだりしてね。
7 時にはスタバに寄ってコーヒーを買ったりもします。
8 たいてい、ヴェンティサイズの無脂肪乳アイスヘーゼルナッツマキアート、無糖シロップ入りを頼むんだけど、店員さんがわかってくれることはほとんどないの。

PODポイント

頻度の副詞を整理しましょう。頻度の高い方から順に、always（常に＝100%）＞almost always（ほぼ常に＝90%）＞usually（たいてい＝80%）＞very often/frequently（とてもよく、頻繁に＝70%）＞often（よく＝60%）＞sometimes/occasionally（時々＝50%）＞seldom/rarely（めったに〜しない＝20%）、almost never/hardly ever（ほとんど〜しない＝10%）＞never（絶対〜しない＝0%）という感じです。

UNIT 3 / 02 頻度を表す副詞で 母親の思い出を語る

1. **Several times a day**, / I think about my mother.
2. She was a kindhearted woman / who **seldom** had a bad word to say.
3. She **regularly** visited hospitals / to help cheer people up.
4. **Occasionally**, / she would make beautiful cakes
5. and / drop them off / at older neighbors' homes.
6. She was **always** making friends / wherever she went,
7. and / **once in a while**, / she would invite strangers / to stay with us.
8. Oh, / how I miss her!
9. **Every now and then**, / my mother appears in my dreams / and / I don't want to wake up.

[語注]
1 several 形 いくつかの **2 kindhearted** 形 心の優しい **have a bad word to say** 悪口を言う **3 regularly** 副 定期的に、通常は **cheer ~ up** ~を励ます **4 occasionally** 副 時折 **5 drop ~ off** ~を置いていく **7 once in a while** 時折、たまに **stranger** 名 見知らぬ人 **stay with ~** ~の家に滞在する **9 every now and then** 時々

POD手順
□ チャンク音読 → □ ノーマル音読 → □ ささやき音読 → □ 和訳音読 → □ 感情音読 → □ タイムアタック音読

語数88　タイムアタック音読

目安　140WPM：8回　　180WPM：10回　　200WPM：11.5回

あなたの記録　1回目＿＿＿＿＿　2回目＿＿＿＿＿　3回目＿＿＿＿＿

1　1日に何度か、母のことを思います。
2　優しい女性で、人の悪口なんてめったに言わない人でした。
3　定期的に病院を訪れて、患者さんたちを元気づけていたものです。
4　時々、きれいなケーキを焼いては、
5　近所のお年寄りの家に届けていたっけ。
6　どこに行ってもいつもすぐに友達ができて、
7　時には初対面の人を家に泊めてあげたりしていました。
8　ああ、母が本当に恋しい！
9　時折、母は私の夢に現れるので、私は目覚めたくないと思うのです。

PODポイント

この例文でも頻度の副詞表現を学びましょう。**1** several times a day の several は 5、6 回くらいのイメージ。**3** regularly は「定期的に、決まった頻度で」。often（よく）くらいの感覚でも使います。**7** once in a while は every once in a while とも言います。sometimes（時々＝50％）よりちょっと頻度が低いくらい。**9** every now and then も同じくらいの頻度ですが、こちらは会話より文章で使われることが多いようです。厳密に使い分けられなくても、だいたいのニュアンスをつかんでおくといいですよ。

UNIT 03 程度を表す副詞で ミステリアスな廃屋を描写

1. The lock on the cabin door had **almost** rusted open,
2. and / it was **pretty** easy / to let myself in.
3. There were **lots of** spider webs / everywhere,
4. and / I **barely** avoided getting them / in my hair.
5. The walls were **badly** in need of paint.
6. I was **rather** surprised / to see the sleeping bags / folded neatly / on the beds.
7. There was a **very** strange smell / in the air.
8. What could it be?

[語注]
1 lock 名 鍵、錠　cabin 名 小屋　rust 動 さびつく　**2** pretty 副 かなり、ずいぶん、けっこう　let ~ in ～を入れる　**3** lots of ~ たくさんの～　spider web クモの巣　**4** barely 副 かろうじて、わずかに　**5** badly 副 ひどく、とても　in need of ~ ～が必要で　paint 名 塗装　**6** rather 副 いくぶん、やや、かなり　sleeping bag 寝袋　fold 動 ～を折りたたむ　neatly 副 きちんと

POD手順
☐ チャンク音読　→　☐ ノーマル音読　→　☐ ささやき音読　→　☐ 和訳音読　→　☐ 感情音読　→　☐ タイムアタック音読

語数70　タイムアタック音読

目安　140WPM:10回　180WPM:13回　200WPM:14回

あなたの記録　1回目_____　2回目_____　3回目_____

1 小屋のドアはほとんど開いたままさびついていて、

2 忍び込むのはけっこう簡単だった。

3 そこらじゅうにクモの巣がたくさんあって、

4 髪の毛に引っ掛けないようにするのがやっとだった。

5 壁は絶対に塗り直しが必要な状態だった。

6 ベッドの上にきれいにたたまれた寝袋があるのを見つけて、私はかなり驚いた。

7 変なにおいが立ち込めていた。

8 なんだったんだろう？

PODポイント

「すごく、とても」「やや」など程度を表す副詞を含んだ例文です。ミステリー小説の朗読のような、謎めいた雰囲気で読むとハマりそうですね。さて、程度の副詞表現は文脈によって意味合いが変わるものがあります。**6** の rather の語注を見ていただければわかるように、「いくぶん」と「かなり」では意味がまったく違いますよね。基本的には rather は pretty と同様「かなり」ですが、rather too ～ のような表現になると、「やや（少し）～すぎる」のようなニュアンスになります。ネイティブの用例をたくさん観察することで、だんだん使い方を学んでいきましょう。ただ誤解されると困るような場面では「かなり」は very や so、「やや」は a little などストレートな表現を使った方が安全かもしれません。無理はしないこと。

UNIT 3 - 04 今昔の小学校を比較

程度を表す副詞で

1. When I was in elementary school,
2. class sizes were **somewhat** smaller / than they are today.
3. The teachers **practically** knew / everything there was to know about us.
4. They were **fairly** knowledgeable / about our individual strengths and weaknesses.
5. These days, / classes are **simply** too large,
6. and / teachers complain about / how it is **utterly** impossible / to control the students.

[語注]
1 elementary school 小学校 **2** class size クラスの規模、1学級の生徒数　somewhat 副 やや、多少　**3** practically 副 事実上、ほとんど　everything there is to know 知るべきことすべて　**4** fairly 副 かなり、相当　knowledgeable 形 よく知っている　individual 形 個々の　**5** simply 副 ただただ、まったく　**6** complain 動 不平をこぼす　utterly 副 完全に、まったく

POD手順
☐ チャンク音読　→　☐ ノーマル音読　→　☐ ささやき音読　→　☐ 和訳音読　→
☐ 感情音読　→　☐ タイムアタック音読

語数56　タイムアタック音読

目安　140WPM:12.5回　180WPM:16回　200WPM:18回

あなたの記録　1回目＿＿＿＿＿　2回目＿＿＿＿＿　3回目＿＿＿＿＿

1. 私が小学生だったころ、
2. クラスの規模は今よりやや小さかったものです。
3. 先生は私たちについて知るべきことはほとんどすべて知っていました。
4. 私たちそれぞれの長所や短所を、かなりよくわかってくれていたんです。
5. 最近は、クラスの規模がとにかく大きすぎて、
6. 先生も、生徒をコントロールするのはまったく不可能だと訴えています。

PODポイント

これも程度の副詞表現を含んだ例文です。very や so、too などに比べてやや難しい響きの単語が多いですが、どれも会議などの通訳をしているとかなり頻繁に耳にする語ばかりです。この機会にぜひいくつか覚えてくださいね。例文で取り上げたもののほかに、absolutely（絶対に）、greatly（大いに）、scarcely（ほとんど〜ない）なども頻出です。程度の副詞が入る位置は、一般動詞の前（**3**）、be動詞や助動詞の後（**2**、**4**、**5**、**6**）、あるいは文末です。**3** の everything there was to know、**6** の how S V の節は一つの塊として読んでください。

実践編

UNIT 3 05 順序の表現で
おでんの作り方を説明する

1. **First,** / cut the daikon / into thick round pieces.
2. **Then,** / cut the potatoes / in half.
3. **Next,** / peel the boiled eggs.
4. **After that,** / cut all the other ingredients / into large chunks.
5. **Then,** / add some dashi to a large pot / **followed by** all the ingredients.
6. **Finally,** / add some sake, / soy sauce, / and sugar.
7. **Then,** / turn down the heat to low / and simmer / for up to an hour.
8. The longer you cook it, / the better it will taste.
9. Oden is almost a dish / that cooks itself!

[語注]
1 thick 形 厚い　round 形 丸い、円形の　piece 名（切り分けられた）一切れ　**2** in half 半分に　**3** peel 動 〜の皮をむく　boiled egg ゆで卵　**4** ingredient 名 材料　chunk 名 塊　**5** pot 名 鍋　followed by 〜　その後に〜が続く、続いて〜がある　**6** finally 副 最後に　**7** turn down （火を）弱める　simmer 動 〜をぐつぐつ煮る　up to 〜　〜まで　**9** dish 名 料理　cook itself ※「自分自身を調理する」＝「勝手に出来上がる」「火にかけておくだけでいい」ということ。

POD手順
☐ チャンク音読　→　☐ ノーマル音読　→　☐ ささやき音読　→　☐ 和訳音読　→
☐ 感情音読　→　☐ タイムアタック音読

語数82　タイムアタック音読

目安　140WPM：8.5回　180WPM：11回　200WPM：12回

あなたの記録　1回目＿＿＿＿＿　2回目＿＿＿＿＿　3回目＿＿＿＿＿

1. 最初に、大根を厚い輪切りにしてください。
2. それから、ジャガイモを半分に切ってください。
3. 次に、ゆで卵の殻をむいてください。
4. その後、残りの材料を大きめに切ります。
5. そして、大きな鍋にだし汁を入れ、すべての材料を入れます。
6. 最後に、酒、しょうゆ、砂糖を加えます。
7. それから、弱火にして1時間くらいをめどに煮込みます。
8. 長く煮た方がおいしくなります。
9. おでんは、ほうっておけば出来上がる料理なんです！

PODポイント

人に何かを説明するときには、順序立てて話す必要があります。「おでんの作り方」を教える例文を使って、最も基本的な「順序の表現」を覚えましょう。基本は「最初」：First、Firstly、First of all など、「次に」：Second、Secondly、Next、Then、After that など、「最後に」：Finally、Lastly などです。**5** の followed by ～ は受け身の形ですが、next や after that 同様、「続いて～」という感覚で使うことができます。

UNIT 3 06 順序の表現で トラブルの経緯を話す

1. **First of all,** / the plane's departure was delayed.
2. **Then,** / it took us forever / to get through immigration.
3. **By the time** we arrived at the hotel / it was the middle of the night.
4. We **then** learned that / the hotel staff had decided / we were no-shows
5. and / booked someone else / into our rooms.
6. **In the end**, / they found us a room,
7. but / it was right by the maintenance area.

[語注]
1 first of all まず最初に　departure 名 出発　be delayed 遅れる　**2** forever 副 非常に長い時間　get through 通過する　immigration 名 入国管理、入国管理審査　**4** no-show 名 不参客 ※予約はしたが現れない客　**6** in the end 最終的には、結局

POD手順
☐ チャンク音読　→　☐ ノーマル音読　→　☐ ささやき音読　→　☐ 和訳音読　→
☐ 感情音読　→　☐ タイムアタック音読

語数67　タイムアタック音読

目安　140wpm:10.5回　180wpm:13.5回　200wpm:15回

あなたの記録　1回目_____　2回目_____　3回目_____

1. まず、飛行機の出発時間が遅れたんですよ。
2. それに、入国審査に恐ろしく時間がかかったんです。
3. ホテルに着くころには真夜中になってしまっていてね。
4. そのとき知らされたんですが、ホテルのスタッフは私たちが予約をすっぽかしたと思って、
5. 私たちの部屋をほかのお客に回してしまっていたんですよ。
6. 最終的には、一部屋、空きを見つけてくれたのですが、
7. それはメンテナンス作業場の真隣でした。

PODポイント

出来事や体験を人に話すときにも「順序の表現」が活躍します。例文では旅行でのトラブルを時系列で説明しています。慣れないとつい and でダラダラとつないでしまいがちですが、この例文のように、「最初に」：First of all、Initially、「その後」：Then、Later on、By the time ~（~の時になって）、「最終的に、結局」：In the end、Eventually、Finally の3段階くらいで語れるようになりたいですね。1日の終わりに、英語でその日の出来事を順番に話す練習をしてみるといいですよ。

実践編

UNIT 3 07 あいづち表現を使って 電話でおしゃべりする

1. Oh, / hi, Mom!
2. **Yeah,** / everything's fine / over here.
3. How are you doing?
4. Oh, / **good to hear**. / **Uh-huh**.
5. **No!** / **Did he really?** / In the doctor's office?
6. Oh, / **how funny!** / Sounds just like him!
7. **I guess** / he was pretty embarrassed, / **huh?**
8. Did everyone laugh?
9. **What, seriously?**
10. Listen, / I have to go, / but thanks for calling.
11. OK, / bye.

[語注]
6 sound like ~ （話を聞いて）〜のようだ、〜らしい　**7** I guess ... …だろう　huh ※驚き、疑問、反対などを表す擬音語。　pretty 副 かなり　be embarrassed 恥をかく、当惑する　**9** seriously 副 本当に、真剣に

POD手順
☐ チャンク音読　→　☐ ノーマル音読　→　☐ ささやき音読　→　☐ 和訳音読　→
☐ 感情音読　→　☐ タイムアタック音読

語数55　タイムアタック音読

目安　140wpm：13回　180wpm：16.5回　200wpm：18回

あなたの記録　1回目＿＿＿＿　2回目＿＿＿＿　3回目＿＿＿＿

1. あ、お母さん！
2. うん、こっちはうまくいってるよ。
3. 元気にしてる？
4. ああ、それは良かった。うん。
5. うそ！　本当にそんなことしたの？　お医者さんで？
6. やだ、おっかしい！　あの人らしいわね！
7. かなり恥ずかしかったんじゃない？
8. みんな笑ってた？
9. え〜、本当に？
10. ね、もう切らないといけないんだ。でも電話ありがとう。
11. うん、じゃあね。

PODポイント

会話の流れを損なわず、しかもワンパターンにならないようにあいづちを打つのは意外に難しいもの。PODで素振り練習をしておきましょう。2のYeah、4のUh-huhは定番。6のhow＋形容詞！の感嘆文はいろいろと応用ができます。7のI guess ... huh?のポイントは文末のhuh?。普通の文に足すだけで「つまり〜ってわけね？」という軽い疑問文を作ることができます。感想を述べつつ話の続きを促したいときに便利。9のWhat, seriously?は日本語の「え、マジで？」に相当するかなりカジュアルな表現です。Seriously?だけでもよく耳にします。

実践編

UNIT 3 08 つなぎ言葉で 軽い浮気を告白する

1. Hello, / David?
2. **Uh,** / there's something / I want to talk to you about.
3. **Well,** / it's like this / ... How can I explain this ... ?
4. **Well,** / do you remember I had that business trip / last week?
5. **Um, well,** / I was sitting beside this friendly guy / on the plane / and ...
6. **How can I put this?**
7. **What I'm trying to say is,** / this guy and me, / we really hit it off.
8. **You know,** / I really do care for you.
9. **I mean,** / I really, really like you / but ...
10. I've made a date with him / for Friday.
11. Please / don't hate me!

[語注]
4 business trip 出張　**5** beside 前 ～の隣に　plane 名 飛行機　**6** put 動 表現する、述べる　**7** hit it off 意気投合する、うまく合う　**8** care for ～ ～が大事だ、好きだ　**10** make a date with ~ ～とデートをする、デートの約束をする

POD手順
□ チャンク音読　→　□ ノーマル音読　→　□ ささやき音読　→　□ 和訳音読　→
□ 感情音読　→　□ タイムアタック音読

語数93　タイムアタック音読

目安　140WPM:7.5回　180WPM:9.5回　200WPM:11回

あなたの記録　1回目＿＿＿＿＿　2回目＿＿＿＿＿　3回目＿＿＿＿＿

1. もしもし、デービッド？
2. あのね、話したいことがあるの。
3. えっと、こういうことなの……どう説明すればいいかな……？
4. ほら、先週私が出張したの、覚えてる？
5. それでさ、飛行機で隣の席にすごく話しやすい男の人がいてね……
6. どう言ったらいいんだろ？
7. つまりね、その人と私、すごく気が合ったのよね。
8. ねえ、あなたのこと大切に思ってるのよ。
9. あなたのこと、本当に大好きなんだけど……
10. 金曜日に彼と会う約束をしちゃったの。
11. お願い、私のこと嫌いにならないで！

PODポイント

この例文には、つなぎ言葉（filler）をたくさん盛り込んであります。filler とは発話と発話のすき間を埋める、意味を持たない言葉のこと。Uh,（**2**）や Um,（**5**）、well,（**3**, **4**, **5**）、I mean,（**9**）や you know,（**8**）などが代表的な filler で、日本語の「えーと」「あのう」「まあ」などに相当します。連発するとうるさく聞こえますが、次の言葉がなかなか出てこなくて時間を稼ぎたいときには便利です。それにしても、彼女にこんな告白をされたら傷つきますよね。なんでも正直に言えばいいというものではないと思います……。

実践編

UNIT 3 09 疑問文で飼い猫を質問責めにする

1. Kitty, / **where were you** / last night?
2. **Could you tell me / why you didn't even come back** / for your dinner?
3. **Did you know** / it was tuna?
4. I'd like to know / if you were with that nasty tomcat.
5. **You don't want to tell me?**
6. **Do you have any idea** / how much Mommy worried about you?
7. **Do you know** / what a naughty girl you are?
8. **Can you promise** / you won't do this again?
9. I wonder / if you're hungry.
10. **Do you want something to eat?**

[語注]
1 kitty 名 子猫、猫ちゃん **3 tuna** 名 マグロ、ツナ **4 nasty** 形 汚らしい、不快な **tomcat** 名 オス猫 **7 naughty** 形 言うことを聞かない、いけない **8 promise** 動 約束する

POD手順
□ チャンク音読 → □ ノーマル音読 → □ ささやき音読 → □ 和訳音読 →
□ 感情音読 → □ タイムアタック音読

語数81　タイムアタック音読

目安　140wpm：8.5回　　180wpm：11回　　200wpm：12回

あなたの記録　1回目_____　2回目_____　3回目_____

1. 猫ちゃん、昨日の夜はどこにいたの？
2. なぜ晩ごはんにも帰ってこなかったのか、教えてくれないかしら？
3. マグロだって知ってたの？
4. あのオスのドラ猫と一緒だったのか知りたいわ。
5. 言いたくないの？
6. ママがどれだけ心配してたかわかる？
7. 本当に悪い子ね、わかってるの？
8. もうこんなことしないってお約束できるかな？
9. おなかはすいてないかしら。
10. 何か食べる？

PODポイント

疑問文の作り方は当然知っていても、とっさに言おうとすると語順が狂ってしまうということはないでしょうか。例文にはいろいろなタイプの疑問文を入れてあります。意識しなくても正しい語順で言えるよう、PODで訓練しておきましょう。特に **2** の Could you tell me why ...（なぜ…だか教えてください）のような間接疑問文の語順には要注意です。疑問詞の後は主語＋動詞の平叙文の語順になりますが、あわてていると why didn't you ... のように逆に言ってしまいがちです。**6** も同様のパターンです。

実践編

UNIT 3 / 10 カジュアルな依頼文で
夕食の準備を手伝わせる

1. Honey, / **will you please get the phone?**
2. I'm busy / stirring the soup.
3. John, / **can you reach those bowls** / **on the top shelf** / **for me?**
4. Pat, / **is it OK to ask you** / **to set the table?**
5. OK, / dinner's ready.
6. **Could everyone sit down?**
7. Let's eat!
8. **Can you please** / **put your phones away?** / Thank you!
9. **Please** / **pass the pepper.**
10. Now, / **how did your days go,** / **everyone?**

[語注]
1 get 動（電話を）取る　**2 stir** 動 ～をかき混ぜる　**3 reach** 動 手を伸ばして取る　**the top shelf** 一番上の棚　**8 put ~ away** ～をしまう、片づける　**9 pepper** 名 コショウ

POD手順
☐ チャンク音読　→　☐ ノーマル音読　→　☐ ささやき音読　→　☐ 和訳音読　→
☐ 感情音読　→　☐ タイムアタック音読

語数64　タイムアタック音読

目安　140WPM：11回　180WPM：14回　200WPM：15.5回

あなたの記録　1回目_____　2回目_____　3回目_____

1. ねえ、電話に出てくれる？
2. スープをかき混ぜてて手が離せないの。
3. ジョン、一番上の棚のボウルを取ってくれる？
4. パット、テーブルの用意をお願いしていい？
5. よし、晩ごはんができたわ。
6. 皆さん、座ってくださる？
7. では、いただきましょう！
8. 携帯電話はしまってもらってもいいかしら？　ありがと！
9. コショウをこちらに回して。
10. さてみんな、今日はどんな一日だった？

PODポイント

夕食の準備をしている母親が、家族にあれこれ指示をしているという設定の例文です。ここでは、親しい間柄での依頼の表現を見ておきましょう。依頼の表現は助動詞によって丁寧度やニュアンスが変わります。Will you ~?（**1**）や Can you ~?（**2**、**8**）は親しい間柄でカジュアルなお願いごとに使われます。Could ~?（**6**）はより丁寧な依頼の表現。親しい間柄でも頻繁に使われます。また Please ~（**9**）はこの例文のように家族に軽いお願いごとをするような場面ではいいのですが、本来は「〜しなさい」という命令表現なので、ビジネスシーンでは、依頼表現としては、あまり使わない方がいいでしょう。

UNIT 3 - 11 フォーマルな依頼文で 部下に仕事を頼む

1. **I'd appreciate it / if you could** take on the LAK campaign.
2. **Would it be possible for you / to** have a proposal ready / by Friday**?**
3. **I was wondering / if you could** put together / a PowerPoint presentation.
4. **If it's not too much trouble, / could you** go ahead and book the conference room / for Friday afternoon?
5. **It would be great / if you could** get everyone to attend.
6. **Would it be all right / if I** sent an email to Don / to tell him you've agreed**?**
7. **You wouldn't mind / if I** CCed it to Kathy**, / would you?**

---

1 take on 引き受ける　**2** proposal 名 企画書、提案書　**3** put together まとめる、作る　**4** go ahead and ~ 一歩踏み込んで~する、~まで行う　**7** CC 動 メールのコピーを送る、CCする

POD手順
☐ チャンク音読　→　☐ ノーマル音読　→　☐ ささやき音読　→　☐ 和訳音読　→
☐ 感情音読　→　☐ タイムアタック音読

語数92　タイムアタック音読

目安　140WPM：7.5回　　180WPM：10回　　200WPM：11回

あなたの記録　1回目＿＿＿＿＿　2回目＿＿＿＿＿　3回目＿＿＿＿＿

1. LAK社のキャンペーンを引き受けていただけますか。
2. 金曜日までに企画書を準備していただくことは可能でしょうか。
3. パワーポイントのプレゼンテーションを作っていただけないかと思ってるんです。
4. ご面倒でなければ、金曜午後の会議室の予約もお願いできます？
5. 全員に参加を促していただけたら大変ありがたいです。
6. あなたに了承していただいたとダンにメールで知らせてもいいでしょうか。
7. キャシーにCCしてもかまいませんよね。

PODポイント

仕事で頼みごとをするときの丁寧な依頼表現をPODしておきましょう。一般的に英語の依頼表現は長ければ長いほど丁寧になります。**1**のI'd appreciate it if you could ~、**3**のI was wondering if you could ~、**5**のIt would be great if you could ~のように、疑問文の形を取らないものもあります（発音するときも語尾は上げません）。**4**のIf it's not too much trouble（もしご面倒でなければ）は、could you ~?のような依頼文の前にプラスするだけでさらに丁寧さを足せるので便利ですよ。

実践編

UNIT 3 · 12 同意を示す表現で 同僚の意見を支持する

1. What a great presentation / you made!
2. Yes, / **you really have a point there;**
3. we definitely should agree / to the merger.
4. Oh, yes, / **I hear what you're saying.**
5. You know, / **I couldn't agree with you more.**
6. Uh-huh. / We just have to convince Charlie /... **That's so true.**
7. Yeah, / but, you know, / **I can see where he's coming from** ...
8. **For sure.**
9. **I'm 100 percent on your side here.**
10. **No doubt about it!**

[語注]
2 have a point もっともである、一理ある　**there** 副 その点で、そこで　**3 definitely** 副 絶対に　**merger** 名 合併　**4 I hear what you're saying.** そうだね。、なるほどね。、言いたいことはわかるよ。　**5 I couldn't agree with you more.** まったく同感だ。　**6 convince** 動 ～を納得させる　**7 where ~ is coming from** ～（人）の考え方、～（人）の立場　**9 be on one's side** ～の味方である　**10 No doubt about it.** それは確かだ。

POD手順
☐ チャンク音読 → ☐ ノーマル音読 → ☐ ささやき音読 → ☐ 和訳音読 →
☐ 感情音読 → ☐ タイムアタック音読

語数69　タイムアタック音読

目安　140wpm：10回　　180wpm：13回　　200wpm：14.5回

あなたの記録　1回目　　　　　2回目　　　　　3回目

1　君のプレゼン、素晴らしかったよ！
2　うん、君の言ってたことはもっともだ、
3　僕たちは間違いなく合併に同意すべきだよ。
4　ああ、もちろん、言いたいことはわかるよ。
5　そうだね、まったくもってその通りだ。
6　うん。あとはチャーリーを説得するだけだね……本当にそうだ。
7　うん、でも、彼の考え方もわかるんだよ……
8　もちろん。
9　僕は完全に君の味方だよ。
10　それは間違いないよ！

PODポイント

同僚と電話で話しているという設定でPODしてみてください。この例文では同意を示す表現のバリエーションを見てみましょう。太字になっているフレーズの多くは強い同意を表しますが、**4**と**7**はちょっと違います。**4**のI hear what you're saying. は「なるほど、言ってることはわかるよ」ということで必ずしも同意を表しません。この例文では後に同意の表現が続いていますが、but ... と続けて反論を述べることもよくあります。**7**のI can see where he's coming from. も同様で、「そう考える理由はわかる、言い分はわかる」ということ。どちらも議論の場でよく耳にするネイティブらしい言い方です。

実践編

UNIT 3 / 13 不同意を表す表現で 友人の意見に反対する

1. Oh, / **I'm afraid** / **I have to disagree with you**.
2. I thought / it was a terrible movie.
3. OK, / **you could be right about** the plot, / **but** / the acting was dreadful.
4. **Actually,** / even the plot wasn't that interesting.
5. **Do you really think so?**
6. OK, / **I agree up to a point,** / but really?
7. **As a matter of fact,** / **I thought** the dialogue was inane.
8. Well, / it looks like / **we're going to just have to agree to disagree** / on this one.

[語注]
1 I'm afraid ... あいにく…、残念ながら…（と思う）　disagree with ~ 　〜に同意できない　**2** terrible 形 ひどい　**3** be right about ~ 　〜について正しい　plot 名 筋書き　dreadful 形 実にひどい　**6** up to a point ある程度まで　**7** as a matter of fact 実際のところ　inane 形 意味のない、ばかげた　**8** agree to disagree 意見の不一致を認める、意見の違いを受け入れる

POD手順
☐ チャンク音読　→　☐ ノーマル音読　→　☐ ささやき音読　→　☐ 和訳音読　→
☐ 感情音読　→　☐ タイムアタック音読

語数77　タイムアタック音読

目安　140WPM:9回　180WPM:11.5回　200WPM:13回

あなたの記録　1回目_____　2回目_____　3回目_____

1. え、その意見には同意しかねるわね。
2. 私はあれはひどい映画だと思ったわ。
3. そうね、プロットについてはあなたの言う通りかもしれないけど、演技は最悪だった。
4. っていうか、やっぱりプロットもそれほど面白くなかったわよ。
5. 本当にそう思うの？
6. まあ、ある程度は同意するけど、でも本当に？
7. 実を言うと、セリフも薄っぺらいと思ったのよね。
8. うーん、これについては意見の違いってことで納得するしかないみたいね。

PODポイント

英語のネイティブスピーカーは物事をはっきり言うといいますが、常にそうとは限りません。反対意見を述べるときには、相手を傷つけないよう遠まわしに表現したり、クッションになる言葉を加えたりします。例えば **1** の I'm afraid ... は相手の意に沿わないことを伝えるときに「あいにくですが…」というニュアンスを付加する表現です。**4** の Actually も、それまでの流れと違うことを言い出すときに文頭に置くと、「…というか、実は」というソフトな否定のニュアンスを加えられます。**3** のようにある程度譲歩してから反論するテクニックも身につけておきたいところです。

実践編

UNIT 3 / 14 意見を述べる表現で
連休に出掛けない理由を力説

1. **In my opinion**, / it would be silly to go anywhere / during Golden Week holidays.
2. **It seems to me that** / airline tickets are much more expensive,
3. and / **I think that** / hotel rates are way too high then / as well.
4. **I'm certain that** / museums and attractions are far too crowded / to be enjoyable.
5. **I realize that** / the weather is usually lovely / in May,
6. but / **I feel that** we really should just stay at home.
7. **I suppose** / it might be a good time / to invite friends over to dinner.
8. **I assume that** / you would do all the cooking, / of course.

[語注]
1 in my opinion 私の考えでは silly 形 ばかげた **2** expensive 形 高価な **3** hotel rate ホテルの料金 way 副 はるかに as well その上 **4** attraction 名 呼び物 far too ~ ~すぎる enjoyable 形 楽しめる **5** lovely 形 素晴らしい **7** suppose 動 ~と思う **8** assume 動 当然~だと思う

POD手順
□ チャンク音読 → □ ノーマル音読 → □ ささやき音読 → □ 和訳音読 →
□ 感情音読 → □ タイムアタック音読

語数97　タイムアタック音読

目安　140WPM:7回　180WPM:9回　200WPM:10回

あなたの記録　1回目_____　2回目_____　3回目_____

1　僕に言わせれば、ゴールデンウィークに出掛けるなんてばかげてるよ。

2　航空券はいつもよりずっと高いようだし、

3　ホテル代もその時期はあまりにも高すぎると思う。

4　博物館や催しも、混雑しすぎていて楽しめないはずだ。

5　5月の天候はたいてい素晴らしいのは知っているけど、

6　僕たちは絶対に家にいた方がいい気がするな。

7　友達を夕食に招待するにはいい機会かもしれないよ。

8　もちろん、料理は君が全部やってくれるよね。

PODポイント

「私は…だと思う」をすべて I think that ... で表すと単調で幼稚な感じになってしまいます。この例文で意見を述べる際の表現のバリエーションを学んでおきましょう。**1** の in my opinion ... や **2** の it seems to me that ... は「自分としては…と思う」という冷静な言い方。**4** の I'm certain that ... は「強く…だと思う」。**7** の I suppose ... は「(ある程度の根拠があって)…と思う」、**6** の I feel ... は「なんとなくそう思う」、**8** の I assume that ... は「(根拠はないけどたぶん)…だと思う」という感じです。しかし、**8** は勝手な言い分ですよね。本当にこんなことを言ったら間違いなく夫婦げんかになるでしょう。

実践編

UNIT 3 — 15 意見を述べる表現で 飲料水を買わない理由を力説

1. **I am of the opinion that** / buying bottled water is a waste of money.
2. Some people **are under the impression that** / bottled water is safer, / but / that's just not true.
3. I've heard that / a lot of it actually comes from municipal supplies / and / is sold to us / at 1000 times the price.
4. **I believe that** / bottlers are not required / to list the water source on their labels.
5. And / as agencies consider bottled water / to be a low-risk product, / plants may not be inspected / every year.
6. But / **I'm sure that** / tap water **must be** checked / daily / **under a rigorous regime**.

[語注]
1 bottled water ボトル入り飲料水　waste 名 無駄　**3** municipal supply 自治体による供給　~ times 〜倍で　**4** bottler 名 飲料メーカー　be required to do 〜を義務付けられる　**5** plant 名 工場　inspect 動 検査する　**6** tap water 水道水　rigorous 形 厳しい　regime 名 体制

POD手順
☐ チャンク音読 → ☐ ノーマル音読 → ☐ ささやき音読 → ☐ 和訳音読 →
☐ 感情音読 → ☐ タイムアタック音読

語数99　タイムアタック音読

目安　140WPM:7回　　180WPM:9回　　200WPM:10回

あなたの記録　1回目＿＿＿＿＿　2回目＿＿＿＿＿　3回目＿＿＿＿＿

1. 私の意見では、ボトル入りの飲料水を買うのはお金の無駄です。
2. ボトル入りの水の方が安全だと思っている人もいるようですが、それはまったくの間違いです。
3. そういう水はたいてい地元の自治体に供給されたものだそうですし、何千倍もの値段で売られています。
4. ボトル詰め業者は水源をラベルに記載する義務はないのでしょう。
5. 監督機関もボトル入りの水は安全性が高い製品だと考えているので、工場の検査は毎年は行われていないかもしれません。
6. でも水道水は日常的に厳しい管理体制の下でチェックを受けているはずです。

PODポイント

意見を述べるときの表現をもう少し見ておきましょう。**1** be of the opinion that ... は「…という意見である」。**2** be under the impression that ... は「（間違って）…と思い込んでいる、てっきり…だと思っている」。**4** I believe that ... は文字通り訳すと「…だと信じる」ですが、think 同様「…だと思う」くらいの意味でよく使われています。**6** I'm sure that ... は「私は…だと確信している」です。説得力のある主張をするためには、「私は〜と思う」ばかりではなく、そう考える根拠（この例文では **3**、**5** など）を添えることが重要。英検1級2次試験のスピーチ対策などでは特に意識したいところです。

実践編

Column 3
通訳者の頭の中

　通訳をしているときに私の頭の中で何が起きているか、そのプロセスを誌上再現してみました。お題はサッカーの本田圭佑選手のテレビインタビューの一部で、「名門サッカークラブで、伝統の10番を背負うことにためらいはなかったか」という質問への回答です。

[1] 当然ながら、その、批判をされたくなかったり、重圧を背負いたくなければ、やはり行動しないことが一番なんですね。[2] でもそういうのは好きじゃないし、やはりハラハラ、ドキドキしてたいし、それが悔しいときがあろうと常に挑戦者でありたい。[3] それが自分らしくあるために重要なことだし、どうせサッカーをやるんであれば、そういう刺激のある10番で、なおかつビッグクラブでプレイしてみたいって方が、自分の中では大きかったですね。
　　（NHKテレビ『プロフェッショナル 仕事の流儀』2014年6月8日放送回より）

【訳】

[1] Of course, criticism hurts, and you sometimes want to run away from pressure ... then, you'd have only one choice, which is to take no action. [2] But that's not my style, and I enjoy being excited and thrilled. Sometimes it's very frustrating, but I want to keep trying new things. [3] Well, that's what I need to be the way I am, and as a soccer player, of course, I want to be playing in a big club, wearing No. 10. The excitement overcame any hesitation.

話し手の言葉に心を合わせる
　1 の冒頭は If you want to avoid criticism ... と直訳してもよかったのですが、この言葉から本田選手本人が経験しただろう**批判や重圧を受けたときの心情**が伝わってきて、自然に Of course criticism hurts, and you want to run away from pressure（もちろん批判には傷つくし、重圧から

逃げたいときもある）という訳が出てきました。

言葉を「意図と行動」で分解しSVに落とし込む

2の「悔しい」はfrustratingとしましたが、こんなふうに**単語単位でずばり訳せることは多くありません**。例えば次の「常に挑戦者でありたい」の「挑戦者」は直訳としてすぐ思いつくchallengerにはしませんでした。challengeには「敵に襲いかかる」イメージがあり、合わないと感じたからです（単語は**頭の中で映像化**して記憶しています）。その代わり、**「挑戦者」とは何をする人かを考えて、その行動をS（主語）・V（動詞）に落とし込み**、I want to keep trying new things.（新しいことをやり続けたい）と訳しました。このように、元の言葉を**その言葉が発せられた「意図」や、結果として現れる「行動」に着目して分解し、易しいSVで表現**することはよくあります。

流れを読んで言葉を補う

3の最後の「…って方が自分の中では大きかった」には「何より」の部分がありませんが、頭に残っていた元の質問（「ためらいはなかったか」）から引っ張ってきて、hesitation（ためらい）を当てました。また、「何が」の部分は、「ビッグクラブ」「刺激ある10番」などから**連想**してexcitement（興奮）という1語にまとめました。この2語が並んだ瞬間、excitementが膨れ上がってhesitationを圧倒しているイメージが浮かんだので、動詞はovercome（制圧する）としました。

聞いた言葉を「意図と行動」で分解し、SVに落とし込む。これが私の通訳を支える基本技です。意図と行動への分解さえうまくいけば、あとはPODで脳にインストールした英語がイメージに合わせて出動してきてSV回路を流れ、口から出ていく感じです。この回路の鍛え方についても、いずれ詳しくシェアさせていただきたいと思います。最後までお読みいただき、ありがとうございました。

最強の英語独習メソッド
パワー音読入門

発行日	2015年6月8日（初版）
著者	横山カズ
編集・構成	英語出版編集部
校正	渡邉真理子、Margaret Stalker、Peter Branscombe
カバーデザイン	萩原弦一郎、橋本雪（株式会社デジカル）
本文デザイン	玉造能之（株式会社デジカル）
DTP	株式会社デジカル
帯・著者プロフィール写真	若林秀樹（スタジオ☆ディーバ）
カバー（手）・本文写真	横山尚巳
ナレーション	Carolyn Miller、Peter von Gomm、夏目ふみよ
CD録音	株式会社巧芸創作
CD編集	嶋津行夫（Yeast Sounds）
CDプレス	株式会社学研教育アイ・シー・ティー
印刷・製本	シナノ印刷株式会社
発行者	平本照麿
発行所	株式会社アルク 〒168-8611 東京都杉並区永福2-54-12 TEL：03-3327-1101 FAX：03-3327-1300 Email：csss@alc.co.jp Website：http://www.alc.co.jp/

地球人ネットワークを創る
アルクのシンボル「地球人マーク」です。

・落丁本、乱丁本は弊社にてお取り替えいたしております。アルクお客様センター（電話：03-3327-1101　受付時間：平日9時～17時）までご相談ください。
・本書の全部または一部の無断転載を禁じます。
・著作権法上で認められた場合を除いて、本書からのコピーを禁じます。
・定価はカバーに表示してあります。

©2015 Kazuyuki Yokoyama / ALC Press Inc.
Printed in Japan.
PC: 7015029　ISBN：978-4-7574-2637-5